本書經
中華文化復興運動推行委員會（國家文化總會）審定

永恆的經典，智慧的泉源

馬英九（總統暨文化總會會長）

中國傳統經典是民族智慧與經驗的結晶。在五千年的歷史中，這些典籍經歷戰亂的傷害，飽受文革的摧殘，然而書中蘊含的哲理，不只啟迪世世代代的炎黃子孫，且遠播於東亞及世界各國。如今學習國學經典同在兩岸盛行，並非偶然，反映這些古籍的價值跨越了時空，對二十一世紀兩岸人民，依然發揮積極的引導作用。

古人從小開始的經典教育，對一個孩子建立正確的人生觀，有非常重要的意義。而古文最迷人的地方，正在於它能將博大精深的知識，凝煉為言簡意賅的文字；將複雜的人生經驗，濃縮為一語道破的智慧。而這些修身、齊家、治國、平天下的理念，即使經過千百年的時空變遷，仍能與現代生活相結合。

我念小學二年級的時候，跟著在石門水庫任職的母親住在桃園龍潭。民國四十七年的臺灣，沒有電視可看，也沒有電晶體收音機可聽。晚上沒事，媽媽常常燈下課子，教我念古文。啟蒙的第一課是《左傳》的〈鄭伯克段於鄢〉，其中我記得最牢的一句話，就是鄭莊公對他從小被母親寵壞、長大後又驕縱謀反的弟弟共叔段所作的評語：「多行不義必自斃，子姑待之。」這句話我一直作為自惕與觀人的警語。放在今天的臺灣與世界的時空中，不也是很適用嗎？

上高中後，父親常常以晚清名臣曾國藩的家訓「唯天下至誠能勝天下至偽，唯天下至拙能勝天下至巧」來訓勉我。當初覺得陳義過高，似乎不切實際，但年紀愈大，閱歷愈多，愈覺得有道理。「尚誠尚拙、去偽去巧」的理念，也成為我為人處事的哲學。

民國八十年（一九九一）十二月，聯合國大會通過決議，要求各國全面禁止漁民在海洋使用「流刺網」（driftnet）捕魚，以免因為網目太小，造成大小通吃而使漁源枯竭。讀過《孟子》梁惠王篇的人，一定會覺得這個國際規範似曾相識。這位兩千多年前的亞聖不早就說過「數罟不入洿池，魚鱉不可勝食也」嗎？我不能不承認，孟子的保育觀念，實在非常先進。同樣的，他對齊宣王所說大小諸侯之間交往的原則，也可適用到今天的兩岸關係：「惟仁者為能以大事小……惟智者為能以小事大……以大事小者，樂天者也，以小事大者，畏天者也。樂天者，保天下；畏天者，保其國。」兩岸真能照辦，臺海還會不和平繁榮嗎？

民國九十五年（二〇〇六）十月，臺灣被貪腐的烏雲籠罩，民怨沸騰，當時總統府前廣場群眾豎起兩層樓高的海報標語，上面寫的就是「禮義廉恥」四個大字。二十一世紀臺灣街頭群眾運動的訴求，居然是二千五百多年前春秋時代齊國宰相管仲的名言，這是民主化後的臺灣，人生觀與價值觀的回歸，同時也是古典智慧的再現！

國家文化總會的前身是「中華文化復興運動推行委員會」（文復會），四十多年前曾與國立編譯館、臺灣商務印書館邀集國內多位國學大師共同出版《古籍今註今譯》系列，各界評價甚高，一時洛陽紙貴。如今重新刊印，邀我作序，實不敢當，忝為會長，礙難不從。謹在此分享一些讀經的親身感受，並期待古典文化的智慧，就像在歷史長河中的一盞明燈，繼續照亮中華民族的未來。

在時間的長河中

楊渡
（文化總會祕書長）

時間是殘酷的，因為它會淘洗去所有的肉體與外在，虛華與偽飾。所有的慶典，權柄和武器，都有寂寞、生鏽、消逝的一天。

時間是溫柔的，因為它也留存了文明的光。唐朝沒有了宮殿，卻為我們留下李白和李商隱的詩句。長安的美麗，不是存在於西安，而是存在於詩句裡。

所有的政治風暴都會消逝，所有的權力都會轉移，所有的歷史，都見證著朝代的不斷更迭，才是進步的必然。然而到最後，什麼會留存下來？

文化總會的前身是「文化復興總會」，它是為了因應文化大革命對中國傳統文化的破壞，以「復興中華文化」為宗旨，而設立起來的。為了反制文革，總會特地請當時最好的學者，對四書、詩經、周易、老莊、春秋等進行今註今譯，以推廣典籍閱讀。當時聘請的學者，包括了南懷瑾、屈萬里、林尹、王夢鷗、史次耘、陳鼓應等，堪稱一時之選，連續出版了諸子百家的經典。這工作也持續了好幾年。

文化大革命的風暴過去之後，文復會性質慢慢改變，直到李登輝時代，它變成民間文化團體，舉辦一些文化活動。等到民進黨執政，由於去中國化，這些傳統文化的研究被忽略，束之高閣。然而，歷史多麼反諷。當文革過去，在經濟富裕後的現代大陸，由於缺少思想的指引，人們卻開始重讀古代典籍，而有諸子百家講堂與各種當代閱讀，古書今讀，竟成顯學。當年搞文革的卻已經悄悄的「復興中華文化」了。

反觀臺灣，這些由學養深厚的專家所寫的典籍今註今譯，卻因政治原因未受到重視。現在回頭看經典，細心體會古代的智慧，而不是用政治符號去切割知識典籍，我們才會開始懂得謙卑。歷史這樣長，而我們只是風中的塵埃。一如聖嚴法師所留下的偈：「無事忙中過，空裡有哭笑。」能留下的，只是無形的智慧，美麗的詩句，和千年的夢想。

當政治的風暴過去之後，什麼會留存下來？時間有多殘酷，我不知道。我只知道，中國傳統經典的生命，一定會生存得比政權更遠，更深，更厚。

我只知道，當古老的「禮義廉恥」，成為二十一世紀反貪腐抗議群眾運動的標語時，整個中華文明已經走向另一個階段。那是作為人的價值觀的百劫回歸，那是自信自省的開端。古老的，或許比現代更新、更有力，更象徵著數千年文明的總結。

而我們，只是千年文明裡的小小學生，仍在古老的經籍中，探詢著生命終極的意義，並且，尋找前行的力量。

12	莊子	陳鼓應	王雲五（臺灣商務印書館）	六四年十二月
13	大戴禮記	高明	文復會、國立編譯館	六四年四月
14	春秋公羊傳	李宗侗	文復會、國立編譯館	六二年五月
15	春秋穀梁傳	薛安勤	文復會、國立編譯館	八三年八月
16	韓詩外傳	賴炎元	文復會、國立編譯館	六一年九月
17	孝經	黃得時	文復會、國立編譯館	六一年七月
18	列女傳	張敬	文復會、國立編譯館	八三年六月
19	新序	盧元駿	文復會、國立編譯館	六四年四月
20	說苑	盧元駿	文復會、國立編譯館	六六年二月
21	墨子	李漁叔	文復會、國立編譯館	六三年五月
22	荀子	熊公哲	文復會、國立編譯館	六四年九月
23	韓非子	邵增樺	文復會、國立編譯館	七一年九月
24	管子	李勉	文復會、國立編譯館	七七年七月
25	孫子	魏汝霖	文復會、國立編譯館	六一年八月
26	史記	馬持盈	文復會、國立編譯館	六八年七月
27	商君書	賀凌虛	文復會、國立編譯館	七六年三月
28	太公六韜	徐培根	文復會、國立編譯館	六五年二月
29	黃石公三略	魏汝霖	文復會、國立編譯館	六四年六月
30	司馬法	劉仲平	文復會、國立編譯館	六四年十一月
31	尉繚子	劉仲平	文復會、國立編譯館	六四年十一月
32	吳子	傅紹傑	文復會、國立編譯館	六五年四月
33	唐太宗李衛公問對	曾振	文復會、國立編譯館	六四年九月
34	資治通鑑今註	李宗侗等	國立編譯館	五五年十月
35	春秋繁露	賴炎元	文復會、國立編譯館	七三年五月

36	公孫龍子	陳癸淼	文復會、國立編譯館	七五年一月
37	晏子春秋	王更生	文復會、國立編譯館	七六年八月
38	呂氏春秋	林品石	文復會、國立編譯館	七四年二月
39	黃帝四經	陳鼓應	臺灣商務印書館	八四年六月
40	人物志	陳喬楚	文復會、國立編譯館	八五年十二月
41	近思錄、大學問	古清美	文復會、國立編譯館	八九年九月
42	抱朴子內篇	陳飛龍	文復會、國立編譯館	九〇年一月
43	抱朴子外篇	陳飛龍	文復會、國立編譯館	九一年一月
44	四書（合訂本）	楊亮功等	王雲五（臺灣商務印書館）	六八年四月

已列計畫而未出版：

序號	書名	譯註者	主編	
1	國語	張以仁	文復會、國立編譯館	
2	戰國策	程發軔	文復會、國立編譯館	
3	淮南子	于大成	文復會、國立編譯館	
4	論衡	阮廷焯	文復會、國立編譯館	
5	楚辭	楊向時	文復會、國立編譯館	
6	文心雕龍	余培林	文復會、國立編譯館	
7	說文解字	趙友培	國立編譯館	
8	世說新語	楊向時	國立編譯館	

民國七十年，文復會秘書長陳奇祿先生、國立編譯館與臺灣商務印書館再度合作，將當時已出版的二十九種古籍今註今譯，商請原註譯學者和適當人選重加修訂再版，使整套古籍今註今譯更加完善。

九十八年春，國家文化總會秘書長楊渡先生，約請臺灣商務印書館總編輯方鵬程研商，計議重新編輯出版《古籍今註今譯》，懇請總統會長撰寫序言予以推薦，並繼續約聘學者註譯古籍，協助青年學子與國人閱讀古籍，重新體認固有傳統與智慧，推廣發揚中華文化。

臺灣商務印書館經過詳細規劃後，決定與國家文化總會、國立編譯館再度合作，重新編印《古籍今註今譯》，首批十二册，以儒家文化四書五經為主，在今年十一月十二日中華文化復興節出版，以後每三個月出版一批，將來並在適當時機推出電子版本，使青年學子與海內外想要了解中華文化的人士，有適當的版本可研讀。二十一世紀必將是中華文化復興的新時代，讓我們共同努力。

臺灣商務印書館董事長**王學哲**謹序　民國九十八年九月

編纂古籍今註今譯序

由於語言文字習俗之演變，古代文字原為通俗者，在今日頗多不可解。以故，讀古書者，尤以在具有數千年文化之我國中，往往苦其文義之難通。余為協助現代青年對古書之閱讀，在距今四十餘年前，曾為本館創編學生國學叢書數十種，其凡例如左：

一、中學以上國文功課，重在課外閱讀，自力攻求；教師則為之指導焉耳。惟重篇巨帙，釋解紛繁，得失互見，將使學生披沙而得金，貫散以成統，殊非時力所許；是有需乎經過整理之書篇矣。本館鑒此，遂有學生國學叢書之輯。

一、本叢書所收，均重要著作，略舉大凡；經部如詩、禮、春秋；史部如史、漢、五代；子部如莊、孟、荀、韓，並皆列入；文辭則上溯漢、魏，下迄五代；詩歌則陶、謝、李、杜，均有單本；詞則多採五代、兩宋；曲則擷取元、明大家；傳奇、小說，亦選其英。

一、諸書選輯各篇，以足以表見其書，其作家之思想精神、文學技術者為準；其無關宏旨者，從刪削。所選之篇類不省節，以免割裂之病。

一、諸書均為分段落，作句讀，以便省覽。

一、諸書均有註釋；古籍異釋紛如，即採其較長者。

一、諸書較為罕見之字，均注音切，並附注音字母，以便諷誦。

一、諸書卷首，均有新序，述作者生平，本書概要。凡所以示學生研究門徑者，不厭其詳。

然而此一叢書，僅各選輯全書之若干片段，猶之嘗其一臠，而未窺全豹。及民國五十三年，余謝政後重主本館，適國立編譯館有今註資治通鑑之編纂，甫出版三冊，以經費及流通兩方面，均有借助於出版家之必要，商之於余，以其係就全書詳註，足以彌補余四十年前編纂學生國學叢書之闕，遂予接受。甫歲餘，而全書十有五冊，千餘萬言，已全部問世矣。

余又以今註資治通鑑，雖較學生國學叢書已進一步，然因若干古籍，文義晦澀，今註以外，能有今譯，則相互為用，今註可明個別意義，今譯更有助於通達大體，寧非更進一步歟？

幾經考慮，乃於五十六年秋決定編纂經部今註今譯第一集十種，其凡例如左：

一、經部今註今譯第一集，暫定十種，其書名及白文字數如左。

詩經	三九一二四字
尚書	二五七〇〇字
周易	二四二〇七字
周禮	四五八〇六字
禮記	九九〇二〇字
春秋左氏傳	一九六八四五字

大學　一七四七字
中庸　三五四五字
論語　一二七〇〇字
孟子　三四六八五字
　以上共白文四八三三七九字

二、今註仿資治通鑑今註體例，除對單字詞語詳加註釋外，地名必註今名，年份兼註公元，衣冠文物莫不詳釋，必要時並附古今比較地圖與衣冠文物圖案。

三、全書白文四十七萬餘字，今註假定佔白文百分之七十，今譯等於白文百分之一百三十，合計白文連註譯約為一百四十餘萬言。

四、各書按其分量及難易，分別定期於半年內，一年內或一年半內繳清全稿。

五、各書除付稿費外，倘銷數超過二千部者，所有超出之部數，均加送版稅百分之十。

稍後，中華文化復興運動推行委員會制定工作實施計畫，余以古籍之有待於今註今譯者，不限於經部，且此種艱巨工作，不宜由獨一出版家擔任，因即本此原則，向推行委員會建議，幸承接納，經於工作計畫中加入古籍今註今譯一項，並由其學術研究出版促進委員會決議，選定第一期應行今註今譯之古籍約三十種，除本館已先後擔任經部十種及子部二種外，徵求各出版家分別擔任。深盼羣起共鳴，一集告成，二集繼之，則於復興中華文化，定有相當貢獻。

本館所任之古籍今註今譯十有二種，經慎選專家定約從事，閱時最久者將及二年，較短者不下一年，則以屬稿諸君，無不敬恭將事，求備求詳；迄今祇有尚書及禮記二種繳稿，所有註譯字數，均超出原預算甚多，以禮記一書言，竟超過倍數以上。茲當第一種之尚書今註今譯排印完成，問世有日，謹述緣起及經過如右。

王雲五

民國五十八年九月二十五日

凡例

一、鄙人舊撰尚書釋義一書，由中華文化出版事業委員會出版。該書註文雖簡，然引用他家之說，悉予著明；並略涉引證。因其書意在為大學中文系學生習讀之用，俾既可因註語以瞭解經文；亦可因引證之文，而鼓起從事研究工作之興趣。然於無意專習尚書，而僅欲於此書略知大意之青年（尤其外國人士），往往不克但憑註語即能詳悉經文之意義；故復有本書之作。

一、本書註語，大都依據拙著尚書釋義；而屬辭更求簡明，並儘量避免引證。惟十餘年來（前書初版於民國四十五年），因讀書稍多，識解亦微有寸進，故頗有修訂舊說處。

一、以白話文譯先秦文辭，有如以本國文譯外國文。蓋古語表達之方式，與今語不同處既多；而周代習用之語氣詞，今語中無適當之字可譯者尤夥。故欲求其信達雅，鄙人力有未逮。無已，謹致力於「信」之一途，冀不失經文之原意。

一、本書既為一般青年略知其大意而作，故涉及專門性之問題，本書多略而不言。亦因此故，於尚書逸文及偽古文尚書原文，皆略而未著。讀者欲知其詳，則有尚書釋義在。

一、百篇書序，出於先秦，可藉以知百篇尚書之篇目，及其存佚情形；故附錄於正文之末，並加簡註。

一、本書之成，多得力於吳蓮佩講師之助，謹志謝忱。

目次

尚書

古者凡公文及函札皆名曰書。尚書諸篇，大部分為古代之公文，故先秦但稱此書曰「書」。至漢初始有「尚書」之稱；尚書者，意謂古代之公文也。後世因其為羣經之一，故又稱之為「書經」。蓋尚書、書經，二者皆後起之稱，非本名也。今沿漢人例，名之曰尚書。

相傳古者尚書凡三千餘篇，至孔子刪定為百篇。案：孔子以詩書教生徒，本書曾經孔子編次，當屬事實；惟刪書之說，恐不足信。又：先秦有百篇本尚書，亦無可疑（孔壁所出古文尚書，有百篇書序，可證。）；惟此百篇本尚書，亦非孔子所定；以其有多篇當著成於孔子之後也。

據史傳所載，秦始皇焚書時，伏生藏百篇尚書於壁中。其後經秦末之亂，劉項之爭，至漢初亂定，伏生發其書，僅存二十九篇（顧命及康王之誥為二篇）。漢文帝時，使鼂錯就伏生習尚書，伏生亦以此在齊傳授生徒，於是此二十九篇始傳於世。其後，河內女子得泰誓一篇，上之朝廷，因增入泰誓一篇。惟以漢人欲保持二十九篇之數字，於是將康王之誥合於顧命為一篇，故仍為二十九篇。後世或謂伏生所傳尚書為二十八篇者，乃就顧命及康王之誥合為一篇言之也。

漢景帝時，魯恭王因擴建宮室，壞孔子故宅，於孔壁中得古文本經書數種，其中尚書一書，較伏生所傳者多十六篇（中有九共一篇，分之則為九篇，故亦云多二十四篇。）。惟因當時朝廷，不重視此古文本，故至光武帝時，即失去武成一篇；至西晉永嘉之亂，其餘十五篇，亦全部亡佚。

東晉時，豫章內史梅賾，獻古文尚書五十八篇。五十八篇者，乃將伏生之二十九篇，析為三十三篇（分「堯典」為堯典、舜典二篇，又於分出之「舜典」前，增加二十八字；分「皐陶謨」為皐陶謨、益稷二篇；分盤庚為三篇；故為三十三篇。），又加偽撰之二十五篇也。此偽撰之二十五篇，自宋吳棫及朱子已疑之；歷元至明，疑者亦不乏人。清初閻若璩著尚書古文疏證八卷，列舉一百二十八證，以明此二十五篇為偽書；於是其偽遂成定讞。故本書但注譯伏生所傳之二十九篇（因將康王之誥合於顧命，故實為二十八篇。），而將偽古文二十五篇刪除，仿孫星衍尚書今古文註疏例也。

虞夏書

孔穎達尚書正義（以下簡稱「正義」）謂馬融、鄭玄、王肅、別錄，題皆曰「虞夏書」。說文兩引堯典之語，皆謂之唐書。伏生尚書大傳於唐傳、虞傳、夏傳之前，各題「虞夏傳」三字（見尚書正義卷二）。惟偽孔傳題曰「虞書」。今據馬鄭本，題曰虞夏書。

堯　典

說文：「典，大冊也。」古書多寫於竹簡，集衆簡而成冊。典，乃冊之長大者。堯典者，記帝堯之事之書也。孟子萬章篇引述本篇即稱堯典，大學則作帝典。

伏生所傳堯典，自「曰若稽古帝堯」起，至「陟方乃死」止。孟子引「二十有八載」

等五句，而云「堯典曰」；知孟子所見堯典之篇幅，與伏生同。偽古文本則將堯典分為二篇：自「嬪于虞。帝曰：欽哉」以上，謂之堯典；「慎徽五典」以下，謂之舜典。而又杜撰「曰若稽古帝舜」等二十八字，冠於「慎徽五典」之上。常見之五十八篇本尚書（如注疏本及蔡沈集傳本等），皆據偽古文本，故皆分為二篇。

按：堯典文辭平易，與佶屈聱牙之周誥，絕不相似。篇首云：「曰若稽古」。是堯典作者，已明言係後人追述古事。篇中不但有帝堯之稱，且單稱一「帝」字以指時君。又「考妣」對稱，而不稱「祖妣」。且所述命羲和居四方觀日事，與述舜四時巡守四方事，皆以四方配四時：凡此，皆戰國以來之習慣。可知本篇之著成，最早亦不能前於戰國之世。而孟子既引述之，可知其著成時代，當在孟子之前也。

曰若稽古帝堯，曰放勳㈠。欽、明、文、思、安安，允恭克讓㈡；光被四表，格于上下㈢。克明俊德，以親九族㈣；九族既睦，平章百姓㈤；百姓昭明，協和萬邦㈥。黎民於變時雍㈦。

【註釋】 ㈠曰若，與召誥之「越若」，逸武成（漢書律歷志引）之「粵若」同，發語詞。稽，考察。堯，或以為謚，或以為名號。放勳，史記及馬融以為堯名。㈡欽，敬謹。明，明達。文，文雅。思，謀慮。安安，和柔。允，誠然。克，能夠。㈢光，經義述聞（以下簡稱「述聞」）以為與「廣」同義。被，覆蓋。四表，四方也：吳汝綸尚書故有說。格，感召。上，指天神言；下，指地祇言。㊃俊，大。九族，高祖、曾祖、祖、父、己身、子、孫、曾孫、玄孫九代也。㊄平，辨。章，明。百姓，百官；此指各種官職言。㊅昭，明。協，合。萬邦，指諸侯之國言。㊆黎，眾。於音嗚，歎詞。時，是。雍，和。

【譯文】（我們來）考察古代的帝王堯，他叫做放勳。他敬謹、明達、文雅、有計謀、而又溫和，誠然恭敬能夠謙讓；他的光輝普照四方，感召了天地神明。他能夠發揚偉大的美德，使家族都親睦融洽；家族既已和睦，就來辨明各官員的職守；全體官員的職守都已辨明，天下各國（諸侯）就都調協和順。民眾們啊也都變得和善了。

乃命羲和，欽若昊天㊇；歷象日月星辰，敬授人時㊈。分命羲仲，宅嵎夷，曰暘谷㊉。寅賓出日，平秩東作⑪；日中、星鳥，以殷仲春⑫。厥民析；鳥獸孳尾⑬。申命羲叔，宅南交⑭。平秩南訛；敬致⑮。日永、星火⑯，以正仲夏。厥民因；鳥獸希革⑰。分命和仲，宅西，曰昧谷⑱。寅餞納日，平秩西成⑲；宵中、星虛⑳，以殷仲秋。厥民夷；鳥獸毛毨㉑。申命和叔，宅朔方，曰幽都。平在朔易㉒；日短、星昴㉓，以正仲冬。厥民隩；鳥獸氄毛㉔。帝曰：「咨！汝羲暨和㉕。朞三百有六旬有六日，以閏月定四時成歲㉖。」允釐百工，庶績咸熙㉗。

【註釋】⑧羲和，謂羲氏、和氏，舊說以為二氏「世掌天地四時之官」。欽，敬謹。若，順從。昊（ㄏㄠˋ），元氣廣大貌。昊天，猶今言老天。⑨歷，屢次；據史記說。象，觀測天象。人，本是民字，唐人避諱民字，因改作人。史記、漢書等俱引作民時。民時，謂耕種收穫之時。⑩羲仲，人名；上文所稱羲和二氏之一。下文羲叔等類此。宅，居住。嵎（ㄩˊ）夷，地名，在東海濱。暘（一ㄤˊ）谷，地名。⑪寅，敬。賓，與儐同義，引導也。此謂晨時向日敬禮，以引導其升出。平，與伻同義，使也。秩，謂程課；猶言治理。義見史記。按：五行家以東方配春；東作即春作，謂春日之農作也。此言使民治其春作。⑫中，均等。日中，謂日夜之長均等；此指春分時言。鳥，南方七宿之總名。星鳥，謂春分初昏時，鳥之七宿畢見。殷，正；猶言定準。以上二句，謂以日中及星鳥，以定準仲春時節。⑬厥，其。析，分散；謂民散於野，從事耕作。孳（ㄗ），乳化。尾，交尾。⑭申，重；再。南交，交上當有「曰大」二字；「大交」蓋山名：述聞說。舊說謂南交為南方交趾，恐非是。⑮訛，讀為「為」，作也。南訛，謂夏日之農作。致，謂致日；蓋以夏至日中午時，祭日而記其影之長短：蔡傳有說。⑯永，長。夏至日最長。火，星名，即大火；東方七宿之一。星火，謂初昏時大火在正南方。此夏至之現象。⑰因，與儴同義，解衣而耕也；孫星衍尚書今古文注疏（以下簡稱「孫

【譯文】天子說：「誰能順應天時成就功業呢？」放齊說：「嗣子朱很開明。」天子說：「唉！他言論荒謬，又好爭論，怎麼可以呢！」

帝曰：「疇咨若予采㉑？」驩兜曰：「都！共工方鳩僝功㉒。」帝曰：「吁！靜言庸違，象恭、滔天㉓。」

【註釋】㉑采，事。㉒驩兜，堯臣名。都，歎詞。共工，人名。方與旁通，普遍。鳩，聚。僝（ㄔㄢˊ），具。此言共工多攬事務而具有功績。㉓靜，善。庸，用。象，似。滔，讀為慆（ㄊㄠ），怠慢：孫疏說。

【譯文】天子說：「誰能順利地成就我的事業呢？」驩兜說：「啊！共工徧攬事務而具有功績。」天子說：「哼！他對於良好的言論總是不贊成；態度像似滿恭謹，其實對天也是怠慢不敬的。」

帝曰：「咨！四岳㉔。湯湯洪水方割，蕩蕩懷山襄陵，浩浩滔天㉕。下民其咨。有能俾乂㉖？」僉曰：「於！鯀哉㉗！」帝曰：「吁！咈哉！方命圮族㉘。」岳曰：「异哉。試可，乃已㉙。」帝曰：「往，欽哉㉚！」九載，績用弗成㉛。

【註釋】㉔四岳，四方諸侯之長：楊筠如尚書覈詁（以下簡稱「覈詁」）說。㉕湯，音傷。湯湯，水流貌。洪，大。方，與旁通，普遍。割，害。並孫疏說。蕩蕩，廣大貌。懷，包。襄，上。浩浩，廣大貌。滔，漫。㊱其，乃：釋詞說。咨，嗟歎。俾，使。乂（ㄧˋ），治理。㊲僉（ㄑㄧㄢ），皆。鯀，禹父名。㊳咈（ㄈㄨˊ），甚不然之詞：蔡傳說。方，逆：見孟子趙註。圮（ㄆㄧˇ），毀。族，善類：見韋昭國語楚語註；謂善人。㊴异（ㄧˋ），舉：見說文。已，古與以通；用也：俞樾羣經平議（以下簡稱「平議」）說。㊵往，謂命鯀往治水。欽，敬謹。㊶績，功。用，以。

【譯文】 天子說：「唉！四位諸侯的首長。滾滾的大水普遍地禍害人民，廣大無邊地包圍了山嶺、淹上了丘陵，浩浩蕩蕩地漫上了老天。民眾們都在嗟歎。有沒人能使他治理呢？」都說：「啊！鯀呀！」天子說：「哼！他反抗上級的命令，摧殘好人。」四岳說：「推舉他吧！試驗他可用，然後再任用他好了。」天子（對鯀）說：「去吧，要謹慎啊！」過了九年，並沒做成什麼功績。

帝曰：「咨！四岳。朕在位七十載，汝能庸命，巽朕位㊷。」岳曰：「否德忝帝位㊸。」曰：「明明揚側陋㊹。」師錫帝曰：「有鰥在下，曰虞舜㊺。」帝曰：「俞，予聞㊻；如何？」嶽曰：「瞽子，父頑，母嚚，象傲；克諧，以孝烝烝，乂不格姦㊼。」帝曰：「我其試哉。」女于時，觀厥刑于二女㊽。釐降二女于媯汭，嬪于虞㊾。帝曰：「欽哉！」

【註釋】㊷庸命，用命。巽，讓。㊸否（ㄆㄧˇ），惡。忝，辱。㊹明明，上明字為動詞，下為名詞；言顯揚明哲之人。揚，舉。側陋，微賤之人：蔡傳說。㊺師，眾。錫，獻。無妻曰鰥。下，謂民間。鄭玄云（見尚書正義—以下簡稱正義）：「虞，氏；舜，名。」㊻爾雅：「俞，然也。」語氣詞。聞，言曾聞其人。㊼瞽（ㄍㄨˇ），盲。舜父瞽叟，目盲。頑，愚。象，舜異母弟。傲，傲慢不恭。克，能夠。諧，和。烝烝，厚美貌；謂孝德之盛：述聞說。乂，治；謂自治。不，當讀為丕；語詞。格，感。姦，惡；指舜之父母及弟。㊽第一女字衍文：覈詁說。于時，於是。刑，與型通，儀法。二女，堯之二女，相傳為娥皇，女英：見列女傳。㊾釐，飭令。降，謂下嫁。媯，水名，在今山西永濟縣南。汭（ㄖㄨㄟˋ），河流曲處之內側；或以為水名。嬪，嫁。

【譯文】天子說：「啊！四位諸侯的首長。我在帝位已經七十年了，你們能夠聽從我的命令，把我這帝位就讓給你們吧。」四岳說：「我們品德惡劣，會污辱了帝位。」天子說：「那麼就顯揚高明的人，縱使出身微賤的，也要推舉他。」四岳就向天子貢獻意見說：「有一個還沒結婚的人在民間，名叫虞舜。」天子說：「唔，我曾聽說；他到底怎樣？」四岳說：「他是盲人的兒子，他的父親很糊塗，母親談吐荒謬，弟弟名叫象的又傲慢無禮；而他能夠處得非常和諧，很美滿地盡了孝道，能修身自治而感化那些邪惡的人。」天子說：「我來試試吧。」於是就藉自己的兩個女兒來觀察舜的性行。便令兩個女兒下嫁到媯水的灣裡，嫁到虞家。天子說：「（你們要）謹慎啊！」

慎徽五典，五典克從[50]；納于百揆，百揆時敘[51]；賓于四門，四門穆穆[52]；納于大麓，烈風雷雨弗迷[53]。

【註釋】[50]自此節以下，偽古文以為舜典；又於「慎徽五典」上加「曰若稽古帝舜，曰重華，協于帝。濬哲文明，溫恭允塞；玄德升聞，乃命以位」二十八字。徽，善。五典，即五教（父義、母慈、兄友、弟恭、子孝）：義見左傳。從，順。[51]百揆，即百官；義見史記。納，使進入。下「百揆」，謂百官之職。時，是。敘，有序不亂。[52]賓，讀為儐，迎導賓客（指諸侯羣臣）。四門，國都四面之門。穆穆，敬也。[53]麓，山足；林木暢茂處。烈，暴疾。迷，謂迷失道路。

【譯文】（舜）能謹慎地使五種倫理做得完善，於是五種倫理都為人民所順從；使舜擔任各種官職，各種職務都辦得有條不紊；使他去國都四面的城門招待賓客，四門的賓客都肅然起敬；使他進入大山下暢茂的森林裡，遇到大風大雷大雨，他也不迷路。

帝曰：「格汝舜[54]！詢事考言，乃言厎可績，三載；汝陟帝位[55]。」舜讓于德，弗嗣[56]。

【註釋】[54]格，告；吳氏尚書故說。[55]詢，謀。考，察。乃，汝。厎（ㄓˇ），致。績，功。厎可績為可厎績之倒文。禹貢之厎績、厎定、厎平，孟子之厎豫皆可證；皐陶謨之可厎行，尤其明證：覈詁說。陟，登。(56)德，指有德之人。弗嗣，不繼承帝位。

【譯文】 天子說：「告訴你舜！我和你討論政事而考察你的言論，你的建議都可以建立功業，至今已三年了；你升上帝位來吧。」舜讓給有德的人，不肯繼承帝位。

正月上日，受終於文祖(57)。在璿璣玉衡，以齊七政(58)。肆類于上帝，禋于六宗，望于山川，徧于羣神(59)。

【註釋】 (57)正月，謂堯之正月；堯正建丑，舜正建子：鄭玄有此說（見正義）。述聞云：「上日，謂上旬吉日。」受終，言受堯既終之帝位。文祖，史記以為堯太祖。按：文祖、文考、文母、前文人等，乃周人習用語；指亡祖、亡父等而言。此謂堯太祖之廟。(58)在，察。璿（ㄒㄩㄢˊ），美玉。璣（ㄐㄧ），渾天儀。衡，渾天儀中觀察星宿之橫筩（ㄊㄨㄥˊ）。以上本馬融說（見正義）。七政，日月五星：鄭玄說（見史記集解）。按：齊，正也；謂定準。(59)肆，遂。類，祭天之名。禋（ㄧㄣ），祭名；置牲於柴上而燎之，使其香味隨煙而上達：王國維說；見所著雒誥解。宗，尊。六宗，天地四時：馬融說（見釋文）。望，祭山川之名。徧，謂徧祭之。

【譯文】 正月上旬的吉日，舜在堯太祖的廟堂裡接受堯已結束的帝位。他用渾天儀（美玉做成的）中的玉橫筩，觀察天象，來定準日月星辰運行的法則。於是祭祀上帝，用禋燎的禮節來祭祀天地四時，用望祭的禮節來祭祀山川的神靈，又普遍地祭祀了羣神。

輯五瑞[六〇]，既月乃日，覲四岳羣牧，班瑞於羣后[六一]。歲二月，東巡守，至于岱宗，柴；望秩于山川[六二]。肆覲東后[六三]。協時、月，正日；同律、度、量、衡[六四]。修五禮，五玉，三帛，二生，一死，贄[六五]。如五器，卒乃復[六六]。五月，南巡守，至于南岳[六七]，如岱禮。八月，西巡守，至于西岳[六八]，如初。十有一月，朔巡守，至于北岳[六九]，如西禮。歸，格于藝祖，用特[七〇]。五載一巡守，羣后四朝[七一]；敷奏以言，明試以功，車服以庸[七二]。

【註釋】[六〇]輯，合。五瑞，諸侯所執玉器，以為符信者；即周禮春官典瑞所謂：「公執桓圭，侯執信圭，伯執躬圭，……子執穀璧，男執蒲璧」是也。諸侯始受封，天子賜以圭，而刻識之，以為符信。此謂使諸侯執瑞來朝，以合其刻識，而驗其真偽。[六一]既月，謂已選定吉月；乃日，謂選擇吉日：本史記說。覲，見。四岳，見前。牧，州長。班，還。后，君；謂諸侯。言既合其瑞而還之。尚書大傳謂：諸侯執所受圭以朝於天子，無過行者，復其圭以歸於國；有過行者，留其圭；能改過者，復其圭。[六二]巡守，天子往各處巡行。岱宗，泰山；即東岳。柴，祭名，與禋同。此謂祭泰山。秩，次序。言按次序望祭岱宗以外之東方山川。[六三]肆，遂。東后，東方諸侯。[六四]協，調協之使不亂。時，謂春夏秋冬四時。同，整齊。律，法制。度，丈尺。量，斛斗。衡，斤兩。[六五]五禮，吉禮、凶禮、賓禮、軍禮、嘉禮。五玉，即五瑞。三帛，三種不同色之絲織品，用以藉墊玉器者。諸侯以五玉為贄以見天子，其玉以帛為墊，其帛則視公侯之爵位，而分三色。二生，羔與雁：卿大夫所執。一死，士所執之雉。贄，初相見時之贈禮。(六六)五器，亦即五瑞。卒，終；謂禮畢。復，反；謂還之。此謂五瑞則還之，他物則否。(六七)南岳，衡山。(六八)西岳，華山。(六九)北岳，恒山。(七〇)格，謂祭祀；說見前。藝，與禰通，父廟也。藝祖，指堯之父廟及祖廟。特，牡牛一隻。(七一)言舜每五年巡守一次；其間四年，則諸侯分別來朝於京師。(七二)敷，普徧。奏，告。言使諸侯普徧以其治術奏告：孫疏說。明試以功，謂就其所言，以明試其功效。庸，用。車服以庸，言賜之車服以為之用。

【譯文】 收斂了（來朝的諸侯所持的）五種玉器，已選定吉月，於是又選擇吉日，來接見四方諸侯的領袖，及各州的州長，仍把玉器還給眾諸侯們。（每逢巡守）那年的二月，（舜）到東方去巡視，到了泰山，舉行禋祭；又順序遙望而祭祀其他的山川。於是接見東方的諸侯。調協四時、月份，確定日子；統一法制、尺度、斛斗、權衡。修訂五種禮法，五種玉器，三種色彩不同的綢子，以及兩種活物—小羊和雁，一種死的山雞，作為初見面時贈送的禮物。像那五種玉器，等典禮完成後，仍還給他們。五月，去南方各國巡視，到了南岳；所行的各種禮節，如同在岱宗時所行的一樣。八月，去西方各國巡行，到了西岳；各種禮節，也同以前一般。十一月，去北方各國巡行，到了北岳，所行的禮節和在西岳時相同。回來後，在堯的父廟及祖廟裡祭祀禱告，每廟用一頭公牛作祭品。每五年巡行各國一次；其他四年，諸侯分別來朝見。朝見時，使諸侯普徧地發表言論；然後就他們的言論，明審地考驗他們的功效；（如果政績很好，）便賞賜他們車馬衣服以備享用。

肇十有二州，封十有二山，濬川〔七三〕。

【註釋】〔七三〕肇，開始設置。相傳堯時為冀、兗、青、徐、荊、揚、豫、梁、雍九州；至舜時又增幷、幽、營三州，為十二州。封，封土為壇以祭。十二山，各州（十二州）中最大之山。濬，疏導。

【譯文】他開始設置了十二個州，築壇來祭祀十二座大山，疏導各州的河流。

象以典刑〔七四〕。流宥五刑〔七五〕。鞭作官刑，扑作教刑，金作贖刑〔七六〕。眚災肆赦，怙終賊刑〔七七〕。「欽哉，欽哉！惟刑之恤哉〔七八〕！」

【註釋】〔七四〕象，示；謂指示民眾。典，常。〔七五〕蔡傳云：「流，遣之使遠去。」宥，寬恕之。五刑：墨、劓、剕、宮、大辟。此指犯五刑之罪人言。〔七六〕鞭，鞭笞。作，為。官刑，官府之刑。扑（ㄆㄨ）以夏（木名）楚（木名）撻之。教刑，學校之刑。金，黃金（正義以為即黃銅）。贖，以金錢贖罪。〔七七〕蔡傳云：「眚（ㄕㄥˇ），謂過誤。災，謂不幸。」言無意犯罪者。肆，故。赦，免罪。怙（ㄏㄨˋ），依恃；此謂怙惡。終，永。怙終，謂永遠怙惡不悛。賊，與則通：于省吾雙劍誃尚書新證（以下簡稱于省吾）說。〔七八〕之，是。恤，憂；意謂顧慮。此二語，乃舜戒諸官之辭。

【譯文】指示民眾們以正常的刑法。用流放的刑法，來寬恕犯了五刑的罪犯。鞭打是官府的刑罰，用夏木楚木的刑具責打是學校的刑罰，用黃銅（贖罪）是贖罪的刑罰。因無心的過失而不幸犯罪的，那就赦免他；永遠怙惡不悛的，那就加以刑罰。「謹慎呀，謹慎呀！對於刑法，你們要顧慮呀！」

流共工于幽洲(七九)，放驩兜于崇山(八〇)，竄三苗于三危(八一)，殛鯀于羽山(八二)：四罪而天下咸服(八三)。

【註釋】(七九)流，放逐。洲，孟子引作州。幽州，舜十二州之一。括地志謂：故龔城（在今河北密雲縣境），相傳為共工被放處。(八〇)放，流放。驩兜，人名；偽孔傳謂其黨於共工。相傳驩兜被放之崇山，在今湖南大庸縣西南。(八一)竄，迫使逃匿。三苗，種族名。三危，山名；相傳在今甘肅敦煌縣南。(八二)殛，誅責（謂流放）：孫疏說。羽山，有二說：一說在今山東郯城縣東北；一說在今山東蓬萊縣東南。(八三)咸，皆。

【譯文】於是把共工流放到幽洲，把驩兜流放到崇山，壓迫三苗逃避到三危山，把鯀流放到羽山：對於這四個罪犯（這樣處理），天下的人都很佩服。

二十有八載，帝乃殂落(八四)，百姓如喪考妣，三載，四海遏密八音(八五)。

【註釋】(八四)有，同又。史記以為堯在位七十年，二十年而老，又八年而崩。殂落，死。(八五)百姓，民眾。考妣，父母：義見爾雅。四海，謂天下。遏，絕。密，靜。八音：金、石、絲、竹、匏、土、革、木。此言因堯喪而三年不作樂。

【譯文】（舜輔佐了堯）二十又八年，天子（堯）於是逝世了，民眾如同死去了父母似的，經過三年之久，四海之內都寂靜地斷絕了樂聲。

月正元日，舜格于文祖(六六)。詢于四岳，闢四門，明四目，達四聰(六七)。咨十有二牧(六八)，曰：「食哉，惟時！柔遠能邇，惇德允元，而難任人；蠻夷率服(六九)。」

【註釋】(六六)月正，正月。義見薛綜東京賦注。相傳以為舜正建子之月。元日，善日；即吉日：述聞說。格，謂祭祀。文祖，指舜之祖廟。此言舜祭於祖廟，以告己即天子之位。(六七)詢，謀。闢四門，謂打開四方城門。聰，聽。明四目二句，謂四門既開，見聞益廣。四，皆謂四方。(六八)咨，詢。牧，州長。(六九)食哉惟時，言足食之道，在於不違農時：蔡傳說。柔，安。能，如。言使遠方如近處同樣安定；參述聞及孫疏說。惇（ㄉㄨㄣ），厚。允，誠然。元，善。難（ㄋㄢˋ），阻；拒絕。任，佞。率，用：義見詩經思文毛傳。

【譯文】正月吉日，舜在他的先祖廟舉行祭祀（報告他已即天子之位）。訪問四方諸侯的領袖，打開了四面的城門，對四方所見的更真切，對四方所聞的更周詳。又訪問十二位州長，說：「要解決民生問題，最重要的是注意人民耕作的時令；要安定遠方如同安定近處一般；要培養惇厚的品德，使真正達到至善的境界；而且要拒絕諂佞的人（不讓他們做官）；能夠這樣，野蠻民族也就會服從了。」

舜曰：「咨！四岳。有能奮庸，熙帝之載，使宅百揆，亮采惠疇(九〇)？」僉曰：「伯禹作司空(九一)。」帝曰：「俞咨！禹，汝平水土；惟時懋哉(九二)！」禹拜稽首，讓于稷、契、暨皐陶(九三)。帝曰：「俞，汝往哉(九四)！」

【註釋】 (九〇)奮，勉。庸，事功。熙，興。帝，謂堯。載，事。言有無奮勉從事，以興帝堯之事業者。宅，居。此百揆謂官位，義見史記。亮，輔導。采，事。惠，義如語詞之「惟」：唐蘭有說（見天壤閣甲骨文存）。疇，類。(九一)僉，指四岳言。司空，舊說以為天子三公之一，掌土地之事。(九二)俞，語詞。舜贊成四岳之言，故即呼禹而命之。時，是。懋，勉。(九三)跪而俯身，以兩手撫地曰拜；叩首至地曰稽首。稷，官名，司農事；此謂棄。時天下賴后稷之功，故獨以官名稱之；鄭玄有說（見正義）。契、皐陶，二臣名。(九四)往哉，謂往任司空之官。

【譯文】 舜說：「喂！四位諸侯之長。有人能奮勉地工作，而振興堯帝的事業，可以使他處在官位，按照類別去輔導各種事務嗎？」都說：「伯禹可作司空。」天子說：「是啊！禹，你曾平定水土；現在你要奮勉呀！」禹跪拜並叩頭，讓給稷、契、和皐陶。天子說：「好了，你去吧！」

帝曰：「棄！黎民阻飢㊈㊄。汝后稷，播時百穀㊈㊅。」

【註釋】㊈㊄帝，謂舜。黎，眾。阻，厄：鄭玄說（見詩思文正義）。㊈㊅于省吾謂后乃司之反文；后稷，乃司稷也。播，播種。時，與蒔同義：鄭玄說（見詩思文正義）。蒔，種也。

【譯文】天子說：「棄！民眾為饑餓所困厄。你主持農業，種植了各種穀物。」

帝曰：「契，百姓不親，五品不遜㊈㊆。汝作司徒，敬敷五教，在寬㊈㊇。」

【註釋】㊈㊆百姓，民眾。五品，謂父母兄弟子：鄭玄說（見史記集解）。遜，順；融洽。㊈㊇司徒，三公之一，主民政。敬，謹。敷，布；施行。五教，五常之教：父義、母慈、兄友、弟恭、子孝。寬，寬容。在寬，言不加以迫脅。

【譯文】天子說：「契，民眾們不和睦，父子兄弟等都不融洽。你作司徒，謹慎地施行五常的教化，寬容而不加以迫脅。」

帝曰：「皐陶！蠻夷猾夏，寇賊姦宄㊈㊈。汝作士，五刑有服，五服三就；五流有宅，五宅三居：惟明克允㊀㊀㊀。」

【註釋】(99)猾，侵亂。夏，中國。攻劫曰寇，殺人曰賊，亂由內起曰姦，由外起曰宄（ㄍㄨㄟˇ）。以上本鄭玄說（見史記集解）。(100)士，獄官之長：馬融說（見史記集解）。五刑，見注(95)。釋詞：「有猶為也。」按：為，猶使也。蔡傳：「服，服其罪也。」三就，就三處行刑；參國語魯語韋昭注。宅，居處。五流有宅，五宅三居，謂流刑雖有五，而其流居之處則止有三也。三處，謂四裔之外，九州之外，中國之外：馬融說（見史記集解）。明，察。允，信。

【譯文】天子說：「皐陶！野蠻民族擾亂中國，攻劫殺人，造成內亂外患。你作獄官長，施行五種刑罰要使罪犯心悅誠服，犯了五刑而服罪的，就三處來行刑；五種流刑各有安置罪犯的地方，犯了五種流刑的人有三個地方安置他們：只有刑罰清明，才能夠使人信服。」

帝曰：「疇若予工？」僉曰：「垂哉(101)。」帝曰：「俞咨！垂，汝共工(102)。」垂拜稽首，讓于殳斨暨伯與(103)。帝曰：「俞，往哉；汝諧(104)。」

【註釋】(101)疇，誰。若，順；謂順成之。工，工事。垂，人名。(102)俞咨，猶言然哉。共，供；掌管。(103)殳（ㄕㄨ）斨（ㄑㄧㄤ）、伯與，二人名。蔡傳以殳、斨為二人。(104)諧，和；猶言適當。

【譯文】天子說：「誰能順利地成就我的工業？」都說：「垂呀。」天子說：「是啊！垂，你來掌管工務。」垂跪拜並叩頭，讓給殳斨和伯與。天子說：「好了，去吧，你很適當。」

帝曰：「疇若予上下草木鳥獸？」僉曰：「益哉㉕！」帝曰：「俞咨！益，汝作朕虞㉖。」益拜稽首，讓于朱、虎、熊、羆㉗。帝曰：「俞，往哉；汝諧。」

【註釋】㉕上，謂山陵；下，謂原隰。益，人名；即伯益。㉖虞，官名；掌山澤禽獸。㉗朱、虎、熊、羆，四人名。

【譯文】天子說：「誰能順利地管理我的丘陵原隰的草木鳥獸呢？」都說：「益呀！」天子說：「是啊！益，你作我的虞官。」益跪拜並叩頭，讓給朱、虎、熊、羆。天子說：「好了，去吧；你很適當。」

帝曰：「咨，四岳！有能典朕三禮？」僉曰：「伯夷㉘。」帝曰：「俞咨！伯，汝作秩宗。夙夜惟寅，直哉惟清㉙。」伯拜稽首，讓于夔、龍㉚。帝曰：「俞，往欽哉！」

【註釋】㉘典，主持。馬融云（見史記集解）：「三禮，天神、地祇、人鬼之禮。」皆祭祀之事。伯夷，人名。㉙史記「伯」下有「夷」字，是。秩宗，禮官名。寅，敬。直，正直不邪。清，義當如詩經清廟之清，詩正義引賈逵左傳注所謂：「肅然清靜」也。㉚夔、龍，二人名。

【譯文】天子說：「喂，四位諸侯之長！有能主持我（祭祀的）三種典禮的嗎？」都說：「伯夷。」

天子說：「是啊！伯夷，你作秩宗。無論早晚都要恭敬，要正直而肅靜。」伯夷跪拜並叩頭，讓給夔、龍。天子說：「好了，去吧，要謹慎啊！」

帝曰：「夔，命汝典樂，教胄子㈡。直而溫，寬而栗，剛而無虐，簡而無傲㈢，詩言志，歌永言，聲依永，律和聲㈢；八音克諧，無相奪倫㈣：神人以和。」夔曰：「於！予擊石拊石，百獸率舞㈤。」

【註釋】 ㈡夔（ㄎㄨㄟˊ），人名。胄，長：馬融說（見釋文）。胄子，謂天子及卿大夫等之長子。㈢以上四句，謂：正直而能溫和，寬大而能敬謹，剛強而不苛虐，簡易（不殷勤）而不傲慢：言以樂陶冶性情，使至此境界。㈢詩，謂表達意志之歌辭。永，長。歌永言，謂歌聲婉轉曼長。聲依永，謂樂聲之曲折高低依此長言。陽聲六為律（黃鐘、太蔟、姑洗、蕤賓、夷則、無射），陰聲六為呂（大呂、應鐘、南呂、林鐘、仲呂、夾鐘），此律字統律呂（古時用以定聲音高下清濁之器）言之。宮、商、角、徵、羽五聲，必中律乃和；故云律和聲。㈣八音，見注(八五)。奪，失。倫，序。㈤自「夔曰」至「率舞」十二字，乃皐陶謨之文，因簡亂而重見於此。於（ㄨ），歎詞。拊（ㄈㄨˇ），輕擊。率，皆。言樂聲之和，感及獸類。

【譯文】 天子說：「夔，使你來主持樂律，教導長子。使他們正直而能溫和，寬大而能謹慎，剛強而不苛虐，簡易而不傲慢。詩是表達意志的，歌是將語言聲調拖長的，樂聲要依照著曼長的歌聲，用律呂的標準來調和樂聲；這樣，各種音樂都能和諧，就不會失掉了次序（不和諧）；那麼神和人就都和睦了。夔說：「啊！我重重地敲打石磬，又輕輕地敲打石磬，連各種獸類都舞蹈起來了。」

帝曰：「龍，朕堲讒說殄行，震驚朕師㉖。命汝作納言，夙夜出納朕命，惟允㉗。」

【註釋】㉖龍，人名。堲（ㄐ一ˊ），疾惡。讒說，讒言。殄（ㄊ一ㄢˇ）行，殘暴之行：本孫疏說。震驚，驚動。師，眾。㉗納言，官名，掌出納王命。允，信；不詐偽。

【譯文】天子說：「龍，我厭惡（誣蔑賢能的）邪說和殘暴的行為，（因為邪說和暴行）驚動了我的羣眾。現在任命你作納言之官，不論早晚地來傳布我的命令，並轉達下情，一定要誠信。」

帝曰：「咨！汝二十有二人㉘，欽哉！惟時亮天功㉙。」

【註釋】㉘稷（棄）、契、皐陶，皆居官久，有功，但美之而不復敕命。初命之禹及垂以下六人，與上十二牧四岳，凡二十二人：馬融說（見史記集解）。㉙亮，輔導。功，事。天功，符合天意之事功。

【譯文】天子說：「啊！你們這二十二個人，要謹慎呀！要時時率導著（來作這）天意注定的事業。」

三載考績；三考，黜陟幽明；庶績咸熙㉚。分北三苗㉛。

【註釋】㉚考績，考核諸官之政績。黜，貶。陟，升。幽，昏暗之官。明，明哲之官。㉛古文別字作兆（見說文），和北字相近。此北字應作別：惠棟說。此句謂分別三苗使之遠去。

【譯文】每三年考核政績一次；考核三次後，便將昏暗的官員降級，將明智的官員升級。於是一切功業都振興起來了。並分別三苗（使他們離開了中國）。

舜生三十徵庸，三十在位㉜，五十載，陟方乃死㉝。

【註釋】㉜三十，謂三十歲。徵，召。庸，用。三十在位，謂在官位三十年。偽孔傳謂：「歷試二年，攝位二十八年。」㉝五十載，謂即位五十年。據偽孔說計之，則舜年一百一十二歲。按：史記、鄭玄皆謂舜年百歲；二說既相合，故諸家多疑經文「三十在位」之三當作二。陟，登；往。方，國：甲骨文習見此義。陟方，往各國巡守也。史記謂舜崩於蒼梧（說者謂即今廣西蒼梧）之野，葬於江南九疑（山名；在今湖南寧遠縣南）。

【譯文】舜三十歲那年被堯召用，在官位三（二）十年，在帝位五十年，（後來）往各國巡行時，就死了。

皋陶謨

謨，謀也。本篇述皋陶與帝舜及禹之謀議，故曰皋陶謨。偽古文本分為兩篇：自「思曰贊贊襄哉」以上，謂之皋陶謨；「帝曰來禹」以下，謂之益稷。

按：本篇文體、習用語、及思想，皆與堯典相似；疑與堯典同時（或稍後）著成。孟子云：「禹聞善言則拜。」當據本篇「禹拜昌言」之語而言。知本篇之著成，亦當在孟子以前。

曰若稽古皋陶，曰：「允迪厥德，謨明弼諧㊀。」禹曰：「俞，如何？」皋陶曰：「都！慎厥身修，思永㊁。惇敘九族，庶明勵翼，邇可遠、在茲㊂。」禹拜昌言曰㊃：「俞。」

【註釋】㊀允，信。迪，蹈。謨，謀。弼，輔。諧，和。㊁都，歎詞。慎厥身修，即慎修其身。思永，謀慮長久之道。㊂惇，厚。敘，次第。九族，見堯典。庶，眾。明，讀為萌；萌、甿古通。庶甿，即眾民：平議說。勵，奮勉。翼，輔佐。邇可遠，由近可推及遠。茲，此道。㊃昌，明。

【譯文】我們來考察古代的皋陶，（皋陶）說：「（天子）要是真能實踐美德，那麼計謀就高明而輔佐的臣子也就都和諧了。」禹說：「唔，到底怎樣呢？」皋陶說：「啊！謹慎地修養自己，往長遠處著想。厚道地敍次家族親疏的關係，民眾就會奮勉地來輔佐你了。由近處可以推及到遠處，就在於這個道理。」禹拜謝他的明達之言，說：「唔，不錯。」

皐陶曰：「都！在知人，在安民㊄。」禹曰：「吁！咸若時，惟帝其難之㊅。知人則哲，能官人；安民則惠，黎民懷之㊆。能哲而惠，何憂乎驩兜？何遷乎有苗？何畏乎巧言令色孔壬㊇？」

【註釋】㊄言君主任官貴在知人，為政貴在安民。㊅按：咸，讀為諴；諴，誠。時，是。帝，謂舜。㊆哲，明智。官，動詞，謂任用官吏。惠，愛。黎，眾。懷，歸附。㊇令，善。孔，甚。壬，佞；謂諂佞不正之人。

【譯文】皐陶說：「啊！（天子的重要任務）在能認識人才，在安定人民。」禹說：「啊！誠然像你所說的這樣，但（真要作到這地步），連舜帝都感到困難哩。能認識人才就是明智，就能任用官員；能安定人民就是仁愛，民眾就都會歸附他。既能夠明智而又仁愛，那為什麼還擔憂驩兜？為什麼還放逐苗族？為什麼還怕那花言巧語又和顏悅色的極諂佞之人呢？」

皐陶曰：「都！亦行有九德；亦言其人有德，乃言曰：載采采㊈。」禹曰：「何？」皐陶曰：「寬而栗㊉，柔而立⑪，愿而恭⑫，亂而敬⑬，擾而毅⑭，直而溫⑮，簡而廉⑯，剛而塞⑰，彊而義⑱；彰厥有常，吉哉⑲。日宣三德，夙夜浚明有家；日嚴祇敬六德，亮采有邦⑳。翕受敷施，九德咸事；俊乂在官，百僚師師，百工惟時㉑。撫于五辰，庶績其凝㉒。無教逸欲有邦。兢兢業業，一日二日萬幾㉓。無曠庶官，天工人其代之㉔。天叙有典，勑我五典五惇哉㉕；天秩有禮，自我五禮有庸哉㉖。同寅協恭和衷哉㉗。天命有德，五服五章哉；天討有罪，五刑五用哉。政事懋哉懋哉㉘。天聰明，自我民聰明；天明畏，自我民明威㉙。達于上下，敬哉有土㉚！」

【註釋】⑨亦，語詞（非承上啟下之詞）。載，在。采，事。三句意謂：若言其人有德時，當舉事實證明曰：在某事某事。⑩見堯典注③。⑪和柔而能樹立（不為外物動搖）。⑫愿，謹。恭，史記作共。楊氏覈詁云：「共與供通，言能供職有才能。」此謂謹厚而能供職事。⑬亂，治。此句言有治才而能敬謹。⑭擾，順。毅，剛果；即不因受挫折而灰心。⑮見堯典注③。⑯廉，與辨通。此句言性簡易（不殷勤）而能辨別是非：本乎議說。⑰剛健而能篤實。⑱彊勇而能合乎義。⑲彰，著，顯示。常，謂常度。吉，善。⑳宣，彰明。三德，九德中之三。浚，敬。孫疏：「明與孟通；孟，勉也。」有，保有。家，謂大夫所食采邑。此數語指大夫言。嚴，馬融讀為儼（見釋文）。

儼，矜莊貌。祇，敬。六德，九德中之六。亮采，輔導政事。邦，謂諸侯之國。此數語指諸侯言。（二二）翕，合。翕受，合受九德。敷施，推行。咸，皆。事，從事。自此以下指天子言。正義云：「馬、王、鄭皆云：『才德過千人為俊，百人為乂。』」僚、工，皆官。師師，互相師法。時，善：義見詩毛氏傳。（二三）撫，順循。古或謂四時為五時；五時，即春、夏、季夏、秋、冬也。撫于五辰，猶言順乎四時。庶績，眾事功。凝，成：鄭玄說（見正義）。（二四）無，勿。教，使。逸，樂。欲，貪。逸欲，謂逸樂貪欲之人。邦，謂侯國。兢兢，戒慎。業業，危懼。幾，音機，謂機兆。蔡傳云：「一日二日者，言其日之至淺；萬幾者，言其幾事之至多也。」（二五）曠，空。意謂所任非適當之人。庶，眾。工，與功通。天功，見堯典注（二九）。（二六）天敘，天所定之倫序；謂五倫。典，常。勑（ㄔˋ），謹。惇，厚。五惇之五，承五典而言。（二七）秩，貴賤之品秩。天秩，天意所定之爵秩。自，遵循。五禮，天子、諸侯、卿大夫、士、庶民之禮：鄭玄說（見正義）；即自天子以至庶民之禮。庸，常。（二八）寅，敬。協，合。衷，善。（二九）有德，謂有德之人。五服，依尊卑所定之五等衣服。章，文彩。五章，五等文彩。五刑，見堯典注（七五）。刑有五，故言五用。懋（ㄇㄠˋ），勉。（三〇）言天所以聰明，由於我民而聰明。意謂民之耳目，即天之耳目。威，與畏古通。明，謂顯揚善人；畏，謂懲罰惡人。（三一）孫疏云：「上，謂天。下，謂民。」達，通。此言天人相通。敬，謹。有土，謂有國之君。

【譯文】 臯陶說：「啊！人的行為有九種美德；要說那個人有美德，就要說明在某事某事。」禹說：「什麼叫做九德？」臯陶說：「寬大而能敬謹，溫柔而能樹立，謹厚而能辨事，有治事的才幹而能謹慎，和順而能剛毅，正直而能溫和，簡易而能辨別是非，堅強而能誠實，勇敢而能合乎正義；顯示了有這九德的常度，那就完美了。能夠每天宣明九德中的三種德行，早晚謹慎奮勉，那麼大夫就可保有他的采邑；能夠每天嚴肅慎重地實踐其中六種德行，去輔導政事，（諸侯）就可保有他的國家。能夠完全接受而普遍地施行，對於九種德行都能照著去做；使才德出眾的人能有官位，眾官員互相效法，那麼官員們就都可以達到良善的境界。順應著四時（去施政），各種事業便可成就了。不要使安樂貪欲的人擁有國家（不讓他們作諸侯）。要謹慎惶恐，（因為）在一天兩天之內，就有成萬的事情的先兆發生（等待著處理）。不要曠廢了各種官職；天定的事功，人要代為完成。天所敘定的倫理，有經常的法則，對於五常的法則，我們要厚道地去行；天所規定的爵位，有一定的禮法，遵循著我們這五種禮法去做，要經常地維持著。官員們共同恭敬，就都和善了。老天任命有德的人作官員，規定了五種不同文彩的衣服（表示等級不同）；老天討伐有罪的，用五種刑法去懲罰犯了五刑的人。對於政事要奮勉啊要奮勉啊。天的聰明，由於我們人民而來；天揚善罰惡，由我們人民的揚善罰惡的意見而決定。天意民意是相通的，謹慎啊！有國的君主們！」

皐陶曰：「朕言惠，可厎行㉑。」禹曰：「俞，乃言厎可績㉒。」

皐陶曰：「予未有知，思曰贊贊襄哉㉓。」

【註釋】㉑惠，順；謂順於事理。厎，致。厎行，推行。㉒見堯典注（五五）。㉓思，惟；語詞。曰，當從蔡傳說作日。贊贊，輔助之貌。襄，輔助。

【譯文】 皐陶說：「我的話都合理，可以去推行。」禹說：「是的，你的話可以建立功績。」皐陶說：「我沒有什麼知識，我只有每天勤勉地輔佐（天子）就是了。」

帝曰：「來，禹！汝亦昌言㉞。」禹拜曰：「都，帝！予何言？予思日孜孜㉟。」皐陶曰：「吁！如何？」禹曰：「洪水滔天，浩浩懷山襄陵㊱；下民昏墊㊲。予乘四載，隨山刊木。暨益奏庶鮮食㊳。予決九川，距四海；濬畎澮，距川㊴。暨稷播奏庶艱食、鮮食，懋遷有無化居㊵。烝民乃粒，萬邦作乂㊶。」皐陶曰：「俞，師汝昌言。」

【註釋】 ㉞帝，謂舜。汝亦昌言，舜命禹亦進明達之言。㉟思，惟；語詞。孜（ㄗ）孜，行事不倦怠。㊱以上二句，參堯典注（三五）。㊲昏，沒；墊，陷：鄭玄說（見正義）。㊳四載，車（陸行）、舟（水行）、橇（形似箕，滑行泥上）、檋（即山轎，山行）四種乘載之具也；見史記。刊，史記、說文並作栞。說文云：「栞，槎識也」。謂砍斫樹木以作認路之記號。奏，進。庶，謂民眾。鮮，生；謂魚鼈之類。時洪水未平，穀物稀少，故以此為民食。㊴決，挖掘。九川，謂弱水、黑水、河、漾、江、沇、淮、渭、洛；詳見禹貢。距，至。濬，挖深。畎（ㄑㄩㄢˇ）、澮（ㄎㄨㄞˋ），皆田間水溝。㊵播，播種。艱，馬融本作根（見釋文）。根食，謂穀類之食物。懋，貿易。遷，徙。化，古貨字。貨，賣。居，積貯。㊶烝，眾。粒，應作立；定也：述聞說。按：作，與則古通，甲骨文常見此用法。乂，治。

【釋文】天子說：「過來，禹！你也說一說明達的話。」禹下拜說：「啊，天子！我有什麼話說？我只是整天勤勉不倦地工作就是了。」皐陶說：「啊！究竟怎樣呢？」禹說：「大水瀰漫天空，浩浩蕩蕩地包圍了山嶺淹上了丘陵；人民都沉陷在水中了。我乘著四種交通工具，順著山嶺砍伐樹木來作指路標。和益送給民眾們活魚鼈之類的食物。我疏導了九個系統的河流，使它們流到四海；挖深了田間的水溝，使它們通到河流。（水退後），和稷播種穀物，給民眾們以穀物和魚鼈等食物，讓人民去貿易，將各地有餘貨物轉運到缺貨的地方，售賣或者屯積。這樣，民眾就都安定了，天下所有國家也就都太平了。」皐陶說：「是的，我要效法你這明達之言。」

禹曰：「都，帝！慎乃在位㊷。」帝曰：「俞。」禹曰：「安汝止，惟幾惟康，其弼直；惟動丕應㊸。徯志以昭受上帝，天其申命用休㊹。」

【註釋】㊷乃，汝。㊸止，處所；職責。鄭玄云（見史記集解）：「安汝之所止，無妄動。」幾，讀如上文萬幾之幾。康，安。弼，輔。直，悳之壞字：江聲及孫疏皆有說。其弼直，言以有德者為輔佐。丕，語詞。丕應，言有所動作，則臣民應之。(四四)史記釋徯志為清意；孫疏謂虛心平意以待。昭，明。受上帝，謂受上帝之命。其，將會。申，重。用，以。休，讀為庥，福祥也。

【譯文】 禹說：「啊，天子！你在天子之位要謹慎啊。」天子說：「不錯。」禹說：「安於你的職責，要能注意到事情的先兆，（國家）才能安康；要用有德的人來作你的輔佐。這樣，只要（你）有所動作，大家就會響應了。要平心靜氣地來明白地接受上帝的命令，那麼老天就會重疊地賜給你幸福的。」

帝曰：「吁！臣哉鄰哉！鄰哉臣哉(四五)！」禹曰：「俞。」帝曰：「臣作朕股肱耳目：予欲左右有民，汝翼(四六)；予欲宣力四方，汝為(四七)；予欲觀古人之象，日、月、星辰、山、龍、華蟲、作會，宗彝、藻、火、粉米、黼、黻、絺繡，以五采彰施于五色，作服，汝明(四八)；予欲聞六律、五聲、八音，在治忽，以出納五言，汝聽(四九)。予違，汝弼；汝無面從，退有後言(五〇)。欽四鄰，庶頑讒說，若不在時，侯以明之，撻以記之；書用識哉，欲竝生哉(五一)。工以納言，時而颺之；格則承之庸之，否則威之(五二)。

【註釋】 (四五)鄰，親；謂親近之人：參吳氏尚書故說。(四六)左右，與佐佑同，輔助。有，於。翼，輔佐。(四七)宣，用。(四八)觀，顯示。象，此指象服言。華蟲，謂雉。會，繪。言以日月等作為繪畫，以分別繪於上衣。宗彝，飾虎形之彝器。藻，水草之一種。粉米，白米。黼（ㄈㄨˇ），白黑相間之[illegible]形花紋。黻（ㄈㄨˊ），黑青相間之[illegible]形花紋。絺（ㄔ），讀為黹，縫。繡，刺繡。言以宗彝等物分別繡於下裳。官爵尊卑不同，故繪繡於衣裳之花紋亦異。以上略本馬鄭二家之說。彰施，明著。于，為。采，謂顏料。五色，青、黃、赤、白、黑。汝明，汝成之：吳氏尚書故說。㊾在，察。忽，亂。孫疏云：「五言者，五聲之言。」按：謂以宮商角徵羽五聲，配信義仁禮智五常；此謂五常之言。聽，謂聽之審。㊿違，過失。面從，當面聽從。後言，背後之言。(51)欽，敬。四鄰，謂天子左右之近臣。大傳謂天子有四鄰：前曰疑，後曰丞，左曰輔，右曰弼；未詳何據。庶，眾。頑，謂頑愚之人。讒說，謂好進讒言之人。時，善。侯，維。明之，使之明善。撻，打。記，孫詒讓尚書駢枝（以下簡稱駢枝）讀為誋。誋，誡也；言懲戒之。書，謂去其冠飾，而書其邪惡於背：孫疏說。識，謂記其過。欲竝生哉，謂欲共同生存，不使陷於殺戮之刑。(52)工，官。納言，採納人言，以進告於天子。時，善。颺，舉。格，謂改過：蔡傳說。孫疏：「承，同烝；進也。」庸，用。威，刑罰。

【譯文】　天子說：「啊！臣子就是鄰人（親近的人）！鄰人就是臣子！」禹說：「是的。」天子說：「臣子就是我的大腿、膀臂、耳、目，我要輔導民眾，你們協助我；我要致力於四方（使天下平定），你們去做；我要把古人所規定的象服顯示出來，用日、月、星辰、山、龍、雉六種物事，繪在上衣上；用虎形彝器、水藻、火、白米、白黑相間的[illegible]形花紋、黑青相間的[illegible]形花紋等六種形象，繡在下裳上；用五種顏料、鮮明地做成五種色彩，作成衣服，你們來做成它；我要聽六種樂律、五種聲調、八種樂音，藉以考察治亂；用來宣布且採納合乎五常的言論，你們須仔細聽清楚。我要是有過失，你們就來輔助（諫正）我；不要當面聽從我的話，等退回去而有背後的批評。我尊敬我前後左右的近臣。許多糊塗人與專進讒言的人，若是不良善，要使他們明瞭良善的道理；（如果還不改過），就打他們一頓來懲戒他們；（或者）脫去他們的上衣，把他們的罪惡寫在背上來作標記；這是希望他們能共同生存。官員的任務在於採納人民的言論（轉達天子），人民言論若是純正的，就薦舉他；官員如能改過，就再進用他；不肯改過的，就懲罰他。」

禹曰：「俞哉，帝！光天之下，至于海隅蒼生，萬邦黎獻，共惟帝臣（五三）。惟帝時舉，敷納以言，明庶以功，車服以庸（五四）。誰敢不讓，敢不敬應？帝不時敷，同日奏、罔功（五五）。無若丹朱傲，惟慢遊是好，敖虐是作，罔晝夜頟頟；罔水行舟，朋淫于家：用殄厥世（五六）。予創若時：娶于塗山，辛壬癸甲；啟呱呱而泣，予弗子，惟荒度土功（五七）。弼成五服，至于五千；州十有二師；外薄四海，咸建五長（五八）。各迪有功，苗頑弗即工。帝其念哉（五九）。」

【註釋】（五三）光，廣。蒼生，黎民。黎，眾。獻，賢。惟，為。（五四）時舉，隨時舉用之。敷，普。明，顯揚。庶，眾。敷納以下三句，參堯典注（七二）。（五五）讓，讓於賢人。時敷，謂隨時敷納以言。奏，進；謂進用臣下。罔，無。（五六）丹朱，堯子。慢，惰慢。敖，戲樂。虐，讀為謔，戲謔：孫疏說。作，為。頟（˙ㄜ）頟，不息貌：偽孔傳說。罔水行舟，謂陸地行舟。朋，羣。殄（ㄊㄧㄢˇ），絕。世，世代。（五七）創，懲戒。若時，如是；謂丹朱所行。塗山，山名，有四，以在今安徽懷遠者為近理。辛壬癸甲，偽孔傳云：「辛日娶妻，至於甲日，復往治水。」說本呂氏春秋，姑從之。啟，禹子。呱（ㄍㄨ）呱，啼聲。子，愛養。荒，大。度，謀。土功，平治水土之事。（五八）弼，輔。五服：甸、侯、綏、要、荒；詳見禹貢。五千，五千里。環王城之外，每五百里為一服；東西、南北相合，各五千里。八家為鄰，三鄰為朋，三朋為里，五里為邑，十邑為都，十都為師；州十有二師：說見尚書大傳。外，謂九州之外。薄，迫近。九州之外，每五國立一長，謂之五長。（五九）迪，順。有，於。功，事。即，就。念，顧慮。

【譯文】 禹說：「是啊，天子！廣大的老天之下，直到海邊上那些民眾，所有國家（諸侯之國）的眾賢良的人，都是天子的臣子。天子要隨時舉用他們，普遍地採納他們的言論，按照功勞來提拔眾人，而且賞賜他們車子衣服以備享用。這樣，誰敢不謙讓？誰敢不恭敬地響應天子的號召呢？天子要是不能隨時普遍地採納他們的言論，那麼縱使同一天進用許多賢明官員，對於國家也沒有什麼功績。不要像丹朱那樣傲慢不敬，只喜愛怠惰地遊玩，只是戲謔作樂，他無晝無夜不停地（享樂）；在無水的陸地行駛船隻，成羣結隊地在家裡淫亂；因而斷絕了他的世代。我以他這樣的（行為）為懲戒；所以當我迎娶塗山氏的女兒的時候，辛日結婚，在家過了辛壬癸三天，到甲日就忙著去治水了；後來生了啟，在家呱呱地啼哭，我都沒有功夫去愛護撫養他，只在忙著大規模地計畫治理水土的事業。輔佐天子成立了五服的制度，（使國土）達到了五千里見方的領域；一州有十二個師；九州以外接近四海邊緣的地方，每五國都建立一個首長。所有的人都順利地從事工作，只有苗人愚昧，不肯去做工。天子啊，你要顧慮到這一點。」

帝曰：「迪朕德，時乃功惟敍(六〇)。皋陶方祇厥敍，方施象刑，惟明(六一)。」

【註釋】(六〇)迪，啟導。時，是。乃，汝。敍，與緒同義，此處作就緒解；猶言成就。(六一)祇，敬。敍，意謂事業。施，行。象刑，以象徵性之刑罰施於犯罪之人。其刑有三：上刑赭衣不緣邊，中刑雜屨，下刑用巾蒙面以當墨刑：大傳說。惟明，能明察。

【譯文】天子說：「啟導我的品行，全是你的功勞所助成。皋陶正在敬謹地從事他的事業，正在施行象徵性的刑法，（他行刑）是很明察的。」

夔曰戛擊鳴球，搏拊琴瑟以詠，祖考來格(六二)；虞賓在位，羣后德讓(六三)。下管鼗鼓，合止柷敔，笙鏞以間；鳥獸蹌蹌(六四)。簫韶九成，鳳凰來儀(六五)。夔曰：「於！予擊石拊石，百獸率舞，庶尹允諧(六六)。」

【註釋】(六二)曰，史記釋為「於是」；是此曰字當與爰同義：孫疏說。朱駿聲尚書古注便讀（以下簡稱「便讀」）云：「戛（ㄐ·ㄧㄚ），刮也。」鳴球，玉磬。搏，重擊。拊，輕擊。詠，歌。祖、考，謂祖與父之靈。神降臨曰格。(六三)虞賓，謂丹朱。丹朱，堯之後，為虞舜之賓。在位，謂來助祭，在其助祭之位。羣后，眾諸侯。德讓，推讓有德者居尊位。(六四)下，謂堂下之樂。管，笙屬。鼗（ㄊㄠˊ），長柄、兩耳、搖動作聲之小鼓。合，謂合樂。止，謂止樂。柷（ㄓ·ㄨ）、敔（ㄩˇ），二樂器名。擊柷所以節樂，擊敔所以止樂。鏞，大鐘。間，代。蹌（ㄑㄧㄤ）蹌，舞動貌。(六五)鄭玄云（見正義）：「簫韶，舜所制樂。」樂一終為一成。九成，九奏也。按：儀，匹也；配合也。(六六)夔曰以下十二字見堯典注(二五)。庶，眾。尹，正；官長。諧，和洽。

【譯文】　夔於是刮著或敲著玉磬，重重地或輕輕地敲彈琴瑟以（伴著）歌唱，祖先和父親的神靈都降臨了；虞舜的客人（丹朱）在陪祭的席位，眾諸侯則以品德（高下為理由）來互相讓位。堂下的樂器有笙類及小搖鼓，調和節拍的柷和用以止樂的敔，笙與大鐘輪流地演奏著，鳥獸都（在樂聲中）舞動起來了。簫韶的樂曲演奏了九節，鳳凰都來（鳴叫著）配合樂聲。夔說：「啊！我重重地敲打石磬，又輕輕地敲打石磬，各種獸類都舞蹈起來，眾官長都真能融洽了。」

帝庸作歌，曰：「勑天之命，惟時惟幾[六七]。」乃歌曰：「股肱喜哉，元首起哉，百工熙哉[六八]。」皋陶拜手稽首，颺言曰：「念哉！率作興事，慎乃憲，欽哉！屢省乃成，欽哉[六九]！」乃賡載歌曰：「元首明哉，股肱良哉，庶事康哉[七〇]！」又歌曰：「元首叢脞哉，股肱惰哉，萬事墮哉[七一]！」帝拜曰：「俞，往欽哉[七二]！」

【註釋】[六七]庸，用。勑，謹慎。惟時惟幾，謂把握時機。以上二語非歌辭。[六八]股肱，謂臣。元首，謂君。百工，百官。按：喜，樂。起，興起；奮發。熙，和。[六九]颺，揚；高聲。念，顧慮。率，用。興事，盛事。憲，法。欽，敬謹。省，察。成，成功。[七〇]賡（ㄍㄥ），續。載，為。庶，眾。康，安。[七一]叢脞（ㄘㄨㄛˇ），偽孔傳云：「細碎無大略。」墮，廢。[七二]往，謂自今以後。

【譯文】天子用來（因而）作了一首歌，且說：「謹慎著天的命令，作事要把握時機。」於是唱道：「大臣們（如果都）高興啊，元首就奮發了啊，所有的官員們也就都和洽了啊。」皋陶跪拜並且叩頭大聲說：「要注意呀！用以從事盛大的事業，（必須）慎重你的法制，要謹慎呀！屢次檢討（你所作為），才能成功，要謹慎呀！」於是繼續作了一首歌說：「元首（要是）明哲啊，大臣們就賢良啊，一切事業就都安定了啊！」又唱道：「元首（如果）專管瑣務忽略大事啊，大臣們就都懈怠啊，一切事業就都荒廢了啊！」天子拜了一拜說：「唔，不錯，從今以後要謹慎呀！」

禹貢

廣雅：「貢，獻也。」又云：「稅也。」是田賦及進獻方物，皆謂之貢。本篇標題貢字，即兼貢獻方物及田賦而言。按：本篇言梁州貢鐵、鏤。而吾國在西周以前，尚未有鐵器之應用，故本篇當為東周以來之作品。然篇中不言四岳、五岳，言六府不言五行；且鄒衍大九州之說，必當在本篇傳世之後。以此證之，本篇之著成，或不至遲至戰國之世。且哀公九年左傳，言吳「城邗溝，通江淮。」而本篇言揚州貢道云：「沿于江海，達於淮泗。」是本篇著成時，尚無邗溝。然則本篇蓋成於春秋時也。

禹敷土，隨山刊木，奠高山大川㈠。

【註釋】㈠敷，治；說詳孫疏。土，土地。刊，漢書地理志引作栞。義見皐陶謨注㈢。奠，定。

【譯文】禹治理土地，順著山嶺砍削樹木（作為指路標）。奠定了高山大河。

冀州：既載壺口，治梁及岐㈡。既修太原，至于岳陽㈢。覃懷厎績，至於衡漳㈣。厥土惟白壤，厥賦惟上上錯，厥田惟中中㈤。恒衛既從，大陸既作㈥。島夷皮服㈦。夾右碣石入于河㈧。

【註釋】㈡舊說堯都冀州，故本篇言九州始於冀州。載，始。壺口，山名；在今山西吉縣西南。梁，山名。楊守敬謂即成公五年公羊傳所稱之梁山，在今陝西韓城縣北、與山西河津縣之間。岐，山名，即狐岐山；在今山西介休縣。㊂修，治。太原，地名，即大原；當在山西榮河、聞喜之間：參王國維鬼方昆夷玁狁考說。岳，太岳，即霍山；在今山西霍縣東南。㊃覃懷，地名，在今河南武陟縣。厎，致。績，功。衡，與橫古通。鄭玄云（見史記集解）：「衡漳者，漳水橫流入河。」今河北阜城縣，為故漳水入黃河處。㊄壤，柔土無塊。賦，田稅。上上，九等中第一等。錯，雜；謂雜出二等之稅。中中，第五等。蔡傳謂：九州九等賦稅，皆每州歲入總數，以多寡而為九等；非以是等田，而責其是等賦也。又謂：冀州，天子封內之地，不需貢篚，故獨不言貢篚。㊅恒，水名；源出恒山。衛，水名；出今河北靈壽縣。從，順。大陸，澤名，在今河北平鄉縣。作，耕作。㊆島，史記、漢書地理志、大戴禮五帝德、及馬、鄭俱作鳥。鄭玄云（見史記集解）：「鳥夷，東北之民，賦（搏）食鳥獸者。」皮服，言其俗以皮為服。㊇碣（ㄐㄧㄝ）石，山名；眾說紛紜，然以為當在今河北昌黎境者較多。蔡傳：「冀州北方貢賦之來，自北海入河（按：古黃河在今天津東入海），南向西轉，而碣石在其右；轉屈之間，故曰夾右也。」

【譯文】　冀州：（治理的工作）既從壺口山開始，然後就去治理梁山和岐山。已經修理好了太原地帶，便治理到岳山的南面來。覃懷地帶經施工後已收了績效，便到橫流的漳水這一帶來。（冀州的）土壤是白色而柔細的，所納的田稅是第一等而雜著第二等，它的田地是第五等。恒水衛水既已順流而下了，大陸澤一帶已可耕作了。鳥夷的人都穿著皮衣服（這是記述鳥夷的風俗和別處不同）。（運輸貢物的船隻從海裡來，）夾著右邊的碣石山進入到黃河裡。

濟河惟兗州⑨：九河既道，雷夏既澤，灉、沮會同；桑土既蠶，是降丘宅土⑩。厥土黑墳。厥草惟繇，厥木惟條⑪。厥田惟中下，厥賦貞⑫。作十有三載，乃同⑬。厥貢漆絲，厥篚織文。浮于濟漯，達于河⑭。

【註釋】⑨濟，水名；本作泲。河，黃河。兗（ㄧㄢˇ），一作沇。此言兗州之域，在泲、河二水之間。⑩九河，古者黃河下游分為九道，各有專名，即：徒駭、太史、馬頰、覆釜、胡蘇、簡、潔、鉤盤、鬲津：謂之九河。述聞云：「道，通也。」雷夏，澤名，即雷澤；在今山東濮縣東南。既澤，既已成澤。灉（ㄩㄥ）、沮，二水名，會流入雷澤。會同，猶言會合。桑土，宜桑之土。既蠶，既已養蠶。是，於是：釋詞說。宅，居。土，謂平地。⑪墳，肥。繇（ㄧㄠˊ），茂。條，長。⑫中下，第六等。貞，當。禹治九州之水，兗州最後畢功，於次為第九；此謂賦亦第九等，與州之次相當：參偽孔傳說。⑬同，言與他州同。兗州下濕，故費時特多。⑭篚（ㄈㄟˇ），筐屬。古者幣帛之屬，盛以筐篚而貢。織文，錦綺等絲織品。浮，謂舟行水上。濟，當作泲。漯（ㄊㄚˋ），當作濕，水名；以黃河為源，出於今河南濬縣，東北流至山東高苑縣入海。達於河，意謂可由黃河以至冀州。

【譯文】濟水和黃河之間這一帶是兗州：（在這區域中）黃河下游的九條支流都已疏通了，雷夏澤也已匯成湖澤了。灉水、沮水已共同流入了雷夏澤；可種植桑樹的地帶，都已養蠶了，於是人們都從丘陵上搬下來，居住在平地上。這裡的土壤黑而肥美。這裡的草非常茂盛，這裡的樹木長得枝幹修長。這裡的田地是第六等，它的賦稅與這州完工的次第相當（第九等）。經營了十三年，纔和別州相同。這裡所進貢的是漆、絲，以及用筐子盛著的花綢。（運輸貢物的船隻）由濟水、漯水航行而來，轉入了黃河（再由黃河到達冀州）。

海岱惟青州(一五)：嵎夷既略，濰淄其道(一六)。厥土白墳；海濱廣斥(一七)。厥田惟上下，厥賦中上。厥貢鹽、絺，海物惟錯，岱畎絲、枲、鉛、松、怪石(一八)。萊夷作牧(一九)。厥篚檿絲(二〇)。浮于汶，達于濟(二一)。

【註釋】(一五)岱，泰山。言青州之域，東至海，西至泰山。(一六)嵎夷，地名；見堯典注（一〇）。略，治：孫疏說。濰（ㄨㄟˊ），水名，源出今山東莒縣，由昌邑入海。淄（ㄗ），水名，源出今山東萊蕪縣，由壽光縣入海。道，通。(一七)斥，謂斥鹵之地；鹹土可煮鹽者。(一八)絺（ㄔ），細葛布。海物，海產。錯，雜；言非一種。畎，谷。枲（ㄒㄧˇ），麻。(一九)萊夷，東夷之一，在今山東黃縣境。作，則。牧，放牧牲畜。(二〇)檿（ㄧㄢˇ），山桑。檿絲，食山桑之蠶之絲。(二一)汶，水名，源出今山東萊蕪縣；西南流，古入濟，今入運河。

【譯文】海和泰山之間這一帶是青州：嵎夷地帶已經治理了，濰水、淄水也已疏通了。這裡的土壤白而肥美；海邊上有廣大而可煮鹽的鹹地。這裡的田地是第三等，這裡的賦稅是第四等。這裡所進貢的有鹽、細葛布，及各種海產，還有泰山山谷中所出的絲、麻、鉛、松、和奇怪的石頭。萊夷的地帶也就能夠放牧牲畜了。這裡用筐子盛著進貢的東西是山桑蠶所吐的絲。（進貢的船隻）由汶水漂浮而來，到達濟水（再由濟水入黃河而到達冀州）。

海岱及淮惟徐州㉒：淮、沂其乂，蒙、羽其藝；大野既豬，東原厎平㉓。厥土赤埴墳。草木漸包㉔。厥田惟上中，厥賦中中。厥貢惟土五色，羽畎夏翟，嶧陽孤桐，泗濱浮磬，淮夷蠙珠暨魚；厥篚玄纖縞㉕。浮于淮、泗，達于河㉖。

【註釋】㉒言徐州之域，東至海，北至岱，南至淮水。㉓淮，水名，詳見下文導水節。沂（一ˊ），水名，俗名大沂河，源出今山東蒙陰縣，南流至今江蘇邳縣入泗（泗水此段，今為運河）。乂，治。蒙，山名；在今山東費縣。羽，山名；在今山東郯城。藝，治也：義見廣雅。大野，澤名；在今山東鉅野縣。豬與瀦同義，水所停聚也。東原，地名；跨有今山東東平、泰安二縣之地。厎，致。平，定。㉔埴（ㄓˊ），黏土。漸，草相包裹而同長。包，與苞古通，茂盛。㉕舊說五色土所以為大社（王者之社）。按殷虛出土之物，有所謂花土者，為墁墓壁之用。此五色土，蓋為圬墁牆壁之用者。

夏翟，雉；其羽五色。嶧（ㄧ），山名；在今山東嶧縣。陽，山南。孤桐，孤獨生長之桐。桐，可為琴瑟。泗，水名；源出今山東泗水縣，本由今江蘇清河縣入淮，後下流為運河所奪。浮磬，謂浮著土中之石可以為磬者。淮夷，國於淮河下流之夷。蠙（ㄆㄧㄣˊ），可以生珠之蚌。蠙珠，蠙蚌所生之珠。玄，謂黑繒（絲織品）。縞，謂白繒。纖，細。㉖河，漢書地理志及說文皆作菏。菏，水名。按：淮泗皆不通於河，而泗通於菏，菏通於濟，濟復通於河。故此河字應作菏：元金履祥、清閻若璩並有說。

【譯文】 海、泰山、和淮水之間的地帶是徐州：淮水、沂水都已經修治了；蒙山、羽山也都治理了；大野澤也已為水停聚而成為湖澤了，東原地帶也都平定了。這裡的土壤是紅色黏性而肥美的。草木都互相包裹著長得非常茂盛。這裡的田地是第二等，這裡的賦稅是第五等。這裡所進貢的是五色土，和羽山山谷中所產的雉，嶧山南面所產獨生的桐木，泗水之濱浮在土上可用以作磬的石頭，淮水下游一帶所產的蚌珠及魚類；用筐子盛著進貢的有細緻的黑綢和白綢。（進貢的船隻）由淮水和泗水漂浮而來，轉入菏水（再由菏水轉入濟水，然後到達黃河）。

淮海惟揚州㉗：彭蠡既豬，陽鳥攸居；三江既入，震澤底定㉘。篠簜既敷。厥草惟夭，厥木惟喬㉙。厥土惟塗泥。厥田惟下下，厥賦下上、上錯㉚。厥貢惟金三品，瑤、琨、篠簜，齒、革、

羽、毛惟木㉛。島夷卉服㉜。厥篚織貝；厥包橘、柚，錫貢㉝。沿于江海，達于淮泗。

【註釋】 ㉗言揚州之域，北至淮，東南至海。㉘彭蠡，澤名，即今鄱陽湖。陽鳥，鴻雁之屬。攸，所。三江之說，尚無定論。漢書地理志謂：北江在毗陵（今江陰）北，東入海。南江在吳（今吳縣）南，東入海。東江出今蕪湖西南，東至陽羨（今宜興）入海。姑從之。入，謂入海。震澤，澤名；即太湖。㉙篠（ㄒㄧㄠˇ），小竹。簜（ㄉㄤˋ），大竹。敷，布；謂布於地上。夭，幼嫩而美好。喬，高而上竦。㉚塗，泥。厥賦下上上錯，謂賦第七等，而雜出第六等。㉛金三品，鄭玄以為銅三色（見正義）。孫疏以為青白赤三色。瑤，美玉。琨，美石。齒，謂象齒。革，獸皮。羽，鳥羽。毛，當作旄；謂旄牛尾：覈詁申偽孔傳說。史記夏本紀、漢書地理志均無「惟木」二字；江聲以為衍文。經傳釋詞謂此惟字「猶與也；及也。」茲從釋詞說。㉜島夷，史記同，漢書地理志作鳥。按：在冀州者為鳥夷，此當為島夷。島夷，蓋謂東南海島之夷。卉服，草服。此語亦記異俗，與鳥夷同例。㉝織貝，舊說以為即貝錦。按：今臺灣山胞，有以極小之貝，以線串連之，織以為巾者；蓋即織貝也。包，包裹。覈詁云：「錫與貢古義略同。」則錫貢猶言進貢。

【譯文】 淮水和東海之間這一地帶是揚州：彭蠡澤既已滙成了湖澤，是（冬天）大雁居住的地方；三條江水既已流入海中，震澤也平定了。大大小小的竹子已經遍布在各地。這裡的草又柔嫩又美好，樹木都是高聳的。這裡的土壤都是泥土。這裡的田地是第九等，它的賦稅是第七等，又雜出第六等。這裡所進貢的是三種顏色不同的銅，和美玉、美石、小竹子、大竹子，象牙、獸皮、鳥羽、旄牛尾以及木材。東南海島的夷人都穿著草編的衣服。這裡用筐子盛著進貢的是用小貝織成的巾布，打起包來進貢的是橘子、和柚子。這些貢品順著江和海而到達淮水、泗水。

荊及衡陽惟荊州㉞：江漢朝宗于海，九江孔殷，沱潛既道，雲土夢作乂㉟。厥土惟塗泥。厥田惟下中，厥賦上下。厥貢羽、毛、齒、革、惟金三品，杶、榦、栝、柏，礪、砥、砮、丹㊱，惟箘、簵、楛、三邦厎貢厥名㊲。包匭菁茅；厥篚玄、纁、璣組；九江納錫大龜㊳。浮于江沱潛漢，逾于洛，至于南河㊴。

【註釋】㉞荊，山名，在今湖北南漳縣。衡陽，衡山之南。言荊州之域，北至荊山，南至衡山之南。

㉟諸侯春見天子曰朝，夏見曰宗；此藉以喻水之以小就大。蔡傳謂九江為：沅、漸、元（當作無：胡渭說）、辰、敘、酉、澧、資、湘九水（皆入洞庭湖），茲從之。孔，甚。殷，多。沱，水名，在今湖北枝江縣入江。潛，史記作涔，水名；便讀疑其當在今湖北潛江縣。雲夢，二澤名；雲在江北，夢在江南：王鳴盛尚書後案有說。雲土夢，或作雲夢土。宋太宗據古本改為雲土夢。見夢溪筆談。雲土，謂雲澤旁已見土。作，則。乂，治。㊱杶（ㄔㄨㄣ），木名；可為車轅。榦（ㄍㄢˋ），柘木。

栝（ㄍㄨㄚ），檜木。礪，粗磨石。砥（ㄓˇ），細磨石。砮（ㄋㄨˇ），石名；可為矢鏃。丹，紅顏料。㊲箘（ㄐㄩㄣˇ）、簵（ㄌㄨˋ），皆美竹名。楛（ㄏㄨˋ），木名；可為矢幹。三邦，近澤之三國，其名未詳。厎，致。貢厥名，便讀謂貢其有名之善材。㊳匭（ㄍㄨㄟˇ），纏結。菁茅，茅之有毛刺者；宗廟祭祀時，用以濾酒。纁（ㄒㄩㄣ），淺絳色繒（見前解）。璣，小珠。璣組，當是以細絲繩貫小珠成串者。江聲尚書集註音疏有說。大龜，所以為卜。㊴洛，應作雒。雒水出今陝西雒南縣，流經雒陽，至今鞏縣入河。洛乃另一水，在渭北。後世多以雒為洛，誤。逾，越過。江沱潛漢，皆不通雒，故言逾。黃河自潼關以東東流之一段，古謂之南河。

【譯文】北到荊山，南到衡山之南，這一地帶是荊州：江水漢水（都經過這裡）往東流入海了，九條江（顯得）很多地（在一個區域），沱水潛水已經疏通了，雲澤旁邊已有土地，夢澤也已治理好了。這裡的土壤是泥土。這裡的田地是第八等，它的賦稅是第三等。這裡所進貢的是鳥羽、旄牛尾、象牙、獸皮、及三種顏色不同的銅，杶、栝、檜、柏等樹的木料，粗磨石、細磨石、砮石、和丹砂；惟有箘竹、簵竹、楛木，是由湖澤附近的三國進貢他們最有名的；既包裹又用繩子纏結著進貢的是菁茅；用筐子盛著進貢的是黑綢、淺絳色的綢子、和珍珠串；九江這一帶地方所進貢的是大龜。進貢的船隻由江水、沱水、潛水、漢水漂浮而來，越過（陸地）到雒水，而達於南河。

荊河惟豫州㊵：伊、洛、瀍、澗、既入於河，滎波既豬，導菏

澤，被孟豬㊷。厥土惟壤，下土墳壚。厥田惟中上，厥賦錯上中㊸。厥貢漆、枲、絺、紵，厥篚纖纊，錫貢磬錯㊹。浮于洛，達于河。

【註釋】 ㊶言豫州之域，南至荊山，北至黃河。㊷伊，水名；源出今河南盧氏縣，至雒陽入雒。洛，應作雒，見前，下文浮於洛之洛，同。瀍（ㄔㄢˊ），水名；源出今河南孟津縣，至偃師入雒。澗，水名；源出今河南澠池縣，至雒陽入雒。河，黃河。滎（ㄧㄥˊ）波，澤名；已湮，故蹟在今河南滎澤縣。菏（ㄍㄜ），澤名；已湮，故蹟在今山東定陶縣。被，及也。孟豬，澤名，即孟諸；在今河南商丘縣。㊸壚（ㄌㄨˊ）；黑色硬土。錯上中，謂賦第二等，又雜出第一等。㊹紵（ㄓㄨˋ），麻屬。纖，細。纊（ㄎㄨㄤˋ），絮。錫貢，猶納錫。錯，磨石；磬錯，可磨磬之錯。

【譯文】 荊山黃河之間這一地帶是豫州：伊、雒、瀍、澗這四條水已經通通流入了黃河，滎波澤已經滙成了湖澤，又疏導菏澤，並疏導到孟豬澤。這裡的土壤是柔軟而細緻的，低窪地帶的土壤是肥沃的黑色硬土。這裡的田地是第四等，它的賦稅是第二等，又雜出第一等。這裡進貢的物產有漆、麻、細葛布、紵麻，這裡用筐子盛著進貢的是纖細的絲絮，（此外還）進貢可以磨磬的磨石。進貢的船隻由雒水航行而來，然後到達黃河。

華陽黑水惟梁州㊹：岷、嶓既藝，沱、潛既道，蔡蒙旅平，和夷厎績㊺。厥土青黎，厥田惟下上，厥賦下中三錯㊻。厥貢璆、鐵、銀、鏤、砮、磬、熊、羆、狐、貍、織皮㊼。西傾因桓是來，浮于潛，逾于沔，入于渭，亂于河㊽。

【註釋】㊹華陽，華山之南。黑水，即金沙江。禹貢錐指謂：梁州之黑水，漢時名瀘水，唐以後名金沙江。言梁州之域，北至華山之陽，西南至黑水。㊺岷（ㄇㄧㄣˊ），山名，即汶山，在今四川松潘縣。嶓（ㄅㄛ），即嶓冢山，在今陝西寧羌縣。藝，治。沱，岷江之支流，在今四川灌縣分支。至瀘縣入江。潛，即嘉陵江之北源，在今四川廣元縣。此沱潛二水，與荊州之沱潛，同名異實。蔡、蒙，二山名。蒙山，在今四川雅安縣；蔡山，未詳所在。旅，導。旅平，言開導平坦；略本述聞說。鄭玄云（見水經桓水注）：「和夷，和上夷所居之地也。和，讀曰桓。」按：桓水，殆即今之大渡河。大渡河源出大雪山，上流名大金川；由四川樂山縣入岷江。績，功。㊻黎，黑。下中三錯，謂賦第八等，而雜出第七及第九等。㊼璆（ㄑㄧㄡˊ），馬融作鏐（見釋文）；黃金之美者。鏤，鐵之剛硬者。羆，似熊而大。貍，似狐。織皮，地毯之屬；孫疏說。㊽西傾，山名；即今青海魯察布拉山。桓，水名，見注㊺。沔（ㄇㄧㄢˇ），即漢水上流。潛不通沔，故言逾。渭，水名，詳見下文雍州。沔不通渭，故不言「達」或「至」而言入。正絕流曰亂；此謂渭水橫衝入黃河也。

【譯文】　華山南面與黑水之間這一地帶是梁州：岷山、嶓冢山已治理過了，沱水、潛水已疏導通暢了，蔡蒙二山已開導得平坦了，桓水一帶夷民的居住區也已施過功了。這裡的土壤青而發黑，這裡的田地是第七等，它的賦稅是第八等，又雜出第七和第九等。這裡所進貢的物產，有精美的黃金、鐵、銀、剛硬的鐵，可作箭鏃的砮石、磬石、熊、羆、狐、貍、和地毯之類。西傾山的貢物由桓水運來，再航行於潛，越過（陸地到達）沔水，進入渭水，然後橫衝入了黃河。

黑水西河惟雍州(四九)：弱水既西，涇屬渭汭，漆、沮既從，灃水攸同(五〇)；荊、岐既旅，終南惇物，至于鳥鼠(五一)；原隰厎績，至于豬野；三危既宅，三苗丕敍(五二)。厥土惟黃壤，厥田惟上上，厥賦中下。厥貢惟球、琳，琅玕。浮于積石，至于龍門西河，會于渭汭(五三)。織皮：崑崙、析支、渠搜，西戎即敍(五四)。

【註釋】　(四九)程發軔謂此黑水即今甘肅之黨河：見所著禹貢地理補義。西河，今山西陝西間黃河南北流之一段。此言雍州之域，東至西河，西北至黑水。(五〇)弱水，即今甘肅張掖河；番名額濟納河。既西，言既已導之西流。涇，水名，源出今甘肅化平縣，至陝西高陵縣入渭。屬，入：馬融說（見釋文）。渭，水名；源出甘肅渭源縣鳥鼠山，至陝西潼關入黃河。汭，河流曲處之內側；此謂渭水北岸。漆、沮，二水名。漆水出今陝西同官縣東北大神山，西南流至耀縣，與沮水合。沮水出耀縣北，東南流合漆水，曰漆沮水，至朝邑入渭。從，順。灃水，即豐水，源出今陝西寧陝縣東北秦嶺，至咸陽入渭。攸，語詞。便讀云：「同，會合也。」(五一)荊，山名，在今陝西富平縣；非荊州之荊山。岐，山名；在今陝西岐山縣。旅，道。終南，山名，橫亙陝西南部，主峯在長安南。惇物，山名；在今陝西武功縣南。鳥鼠，山名；在今甘肅渭源縣。(五二)原，高原。隰，低窪處。豬野，謂荒蕪之地；非地名：覈詁說。三危，山名，見堯典注(六)。宅，居；言已有人居住。三苗，見堯典注八一。丕，語詞；猶乃。敍，安定。(五三)球，美玉。琳，美石。琅（ㄌㄤˊ）玕（ㄍㄢ），石之似珠者。積石，即大積石山，今名大雪山，在青海南境。龍門，山名，凡四；此龍門山在山西河津及陝西韓城之間。龍門西河，謂龍門山間之西河。(五四)崑崙，國名，在今甘肅西寧縣。析支，國名；在今青海北部至甘肅貴德縣界。渠搜，國名；即漢書地理志之渠搜縣；在今陝西懷遠縣北，蒙古額爾多斯右翼後旗。三者皆西戎之國；此言三國貢織皮。即，就。即敍，就緒；猶安定。

【譯文】　黑水與西河之間這一地帶是雍州：弱水已經往西流了，涇水已流入渭水曲處的內側（北岸），漆水、沮水都已順暢地流下去，灃水也與渭水會合了；荊山、岐山已經開導通了，終南山、惇物山，以至鳥鼠山（都已治理過了）；高原及低窪處都施過工了，甚至荒蕪之地（也都加以修治了）；三危山一帶已可住人，三苗也都安定了。這裡的土壤是黃而柔細的，這裡的田地是第一等，它的賦稅是第六等。這裡所貢的是美玉、美石、和類似珍珠的石子。這些貢品由積石山下航行而來，到達龍門山間的西河，而會集在渭水曲處的內側（北岸）。進貢地毯的，有崑崙、析支、渠搜三國。於是西戎各國都安定了。

導岍及岐，至于荊山，逾于河[五五]。壺口、雷首，至于太岳[五六]。厎柱、析城，至于王屋[五七]。太行、恒山，至于碣石，入于海[五八]。西傾、朱圉、鳥鼠，至于太華[五九]。熊耳、外方、桐柏，至于陪尾[六〇]。導嶓冢，至于荊山[六一]。內方至于大別[六二]。岷山之陽，至于衡山，過九江，至于敷淺原[六三]。

【註釋】 [五五]岍（ㄑㄧㄢ），山名；即今陝西隴縣吳嶽山。岐，謂雍州之岐山。荊，謂雍州之荊山。河，黃河。[五六]壺口，見注[二]。雷首，山名；在今山西永濟縣。太岳，見注[三]。[五七]厎柱，山名；在今河南陝縣東北黃河中流。析城，山名；在今山西陽城縣。王屋，山名；在山西垣曲縣。[五八]太行，山名；主峯在山西晉城縣。恒，山名，在今河北曲陽縣西北，山西渾源縣東南。碣石，見注[八]。[五九]西傾，見注[四八]。朱圉（ㄩˇ），山名，在今甘肅伏羌縣。鳥鼠，見注[五一]。太華，即華山，在今陝西華陰縣。[六〇]熊耳，山名；在今河南盧氏縣。外方，山名；即嵩山，在今河南登封縣。桐柏，山名；在今河南桐柏縣。陪尾，山名；在今山東泗水縣：胡渭禹貢錐指說。[六一]嶓冢，見注[四五]。荊山，謂荊州之荊山。[六二]內方，山名；今名章山，在今湖北鍾祥縣。大別，山名；一名魯山，在今湖北漢陽縣東北。[六三]岷山，見注[四五]。衡山，在今湖南衡山縣。九江，見注[三五]。敷淺原，山名；朱熹、胡渭等以為即今廬山。

【譯文】（治山）從岍山開始，到達岐山，再到荊山，（山脈）越過了黃河。又從壺口山開始，經過雷首山，到達了太岳山。再從厎柱山開始，而析城山，而到達了王屋山。又從太行山開始，而恒山，而到達了碣石山，山脈進入了海中。又從西傾山開始，而朱圉山，而鳥鼠山，而後到了華山。再從熊耳山開始，至於嵩山、和桐柏山，一直到陪尾山。再從嶓冢山開始，到達了（荊州的）荊山。又從內方山開始，到了大別山。再從岷山的南面治起，到了衡山，越過了九江，而到達了廬山。

導弱水，至于合黎，餘波入于流沙〔六四〕。導黑水，至于三危，入于南海〔六五〕。導河積石，至于龍門，南至于華陰，東至于厎柱，又東至于孟津；東過洛汭，至于大伾；北過降水，至于大陸；又北播為九河，同為逆河，入于海〔六六〕。嶓冢導漾，東流為漢，又東為滄浪之水，過三澨，至于大別，南入于江；東匯澤為彭蠡，東為北江，入于海〔六七〕。岷山導江，東別為沱，又東至于澧，過九江，至于東陵，東迆北會于匯，東為中江，入于海〔六八〕。導沇水，東流為濟，入于河，溢為滎，東出于陶丘北，又東至于菏，又東北會于汶，又北東入于海〔六九〕。導淮自桐柏，東會于泗、沂，東入于海〔七〇〕。導渭自鳥鼠同穴，東會于灃，又東會于涇，又東過漆沮，入于河(七一)。導洛自熊耳，東北會于澗、瀍，東會于伊，又東北入于河(七二)。

【註釋】(六四)弱水，見注(五〇)。合黎，山名；在今甘肅張掖縣。流沙，即沙漠；此謂甘肅鼎新縣以東之沙漠；在今寧夏省。(六五)黑水，謂雍州之黑水。程發軔謂：南海，即今之羅布泊。羅布泊即漢志之蒲昌海，一名臨海，又名牢蘭海。說見所著禹貢地理補義。(六六)華陰，華山之北。孟津，黃河渡口名；在今河南孟縣。洛，應作雒。洛汭，雒水之北。大伾（ㄆㄧ），山名；在今河南濬縣。降水，即漳水，在今河北曲周、肥鄉二縣之間。大陸，見注(六)。播，散。同，會合。鄭玄云（見史記集解）：「下尾合，名曰逆河；言相逆受也。」此言九河復合為一，以入于海。積石、龍門、底柱、九河，並見前。(六七)漾（ㄧㄤ），水名；源出今陝西寧羌縣，東南流為沔，至漢中以東為漢。滄浪之水，乃漢水之一段，在今湖北均縣。史記索隱謂竟陵（今湖北天門縣）有三參水，俗名三澨（ㄕˋ）水。北江，謂揚州三江中之北江。嶓冢、大別、彭蠡，並見前。(六八)東別為沱，言江之東別有一水曰沱。澧（ㄌㄧˇ），水名；源出今湖南桑植縣，流入洞庭湖。東陵，地名；蔡傳謂在巴陵縣（今湖南岳陽縣）。池（ㄧˊ），同迤，斜行。滙，謂彭蠡。中江，謂揚州三江中之東江。(六九)沇（ㄧㄢˇ）水，為濟（泲）水之上流；源出今山西垣曲縣王屋山下，東南流，至今河南武陟縣入河。滎，即滎波，見注(四)。陶丘，丘名；在今山東定陶縣。菏，水名，已湮；故蹟由菏澤東南流，至今山東魚台縣入泗。汶，見注(三)。

北東，北而折東。〔七〇〕淮，水名；源出今河南桐柏縣桐柏山。泗、沂，並見徐州。〔七一〕鳥鼠同穴，山名，即鳥鼠山；見注〔五一〕。渭、灃、涇、漆沮，並見雍州。〔七二〕洛，當作雒。熊耳、澗、瀍、伊，並見前。

【譯文】 疏導弱水，到達合黎山，下流進入沙漠中。疏導黑水，到了三危山，流入南海（牢蘭海）。疏導黃河，從積石山開始，到了龍門山，再往南流到華山北面，再往東經過厎柱山，再往東到了孟津；再往東經過雒水北岸，到了大伾山；再往北經過降水，到了大陸澤；再往北分成九條支流，然後又合成一條逆河，於是流入海中。從嶓冢山開始疏導漾水，往東流成為漢水，又往東流成為滄浪水，又經過三澨水，到了大別山，再往南流入長江；又往東匯成彭蠡澤，又往東就成了北江，然後流入海中。從岷山開始來疏導長江，往東另外分出一條支流叫做沱水，又往東流到澧水，過了九條江水，到了東陵，再往東又斜流往北而匯成彭蠡澤，再往東流就是中江，然後流入海中。疏導沇水，使往東流而成濟水，流入了黃河，又流出來匯成滎波澤，又往東流經過陶丘以北，又往東流到菏水，又往東北流而會合了汶水，又往北再轉東，然後流入海中。疏導淮水從桐柏山開始，使往東會合了泗水和沂水，再往東流入海中。疏導渭水從鳥鼠山開始，往東會合了灃水，又往東會合了涇水，又往東經過漆沮水，然後流入了黃河。疏導洛（雒）水從熊耳山開始，往東北會合了澗水、和瀍水，又往東會合了伊水，再往東北流入了黃河。

九州攸同，四隩既宅，九山刊旅，九川滌源，九澤既陂〔七三〕。四

海會同，六府孔修；庶土交正，厎慎財賦，咸則三壤，成賦中邦(七四)。錫土姓，祇台德先；不距朕行(七五)。

【註釋】 (七三)孫疏云：「同，猶和也；平也。」隩（ㄠˋ），水涯；謂四海之邊涯。既宅，既已居人。九山，九個系統之山，即：岍、壺口、厎柱、太行、西傾、熊耳、嶓冢、內方、岷山。刊，當作栞。旅，道；通。九川，九個系統之川，即：弱水、黑水、河、漾、江、沇、淮、渭、洛（雒）。滌，暢達：本孫疏說。九澤，即：大陸、雷夏、大野、彭蠡、震澤、雲夢、滎波、菏澤、孟豬。陂，為隄岸以障水。(七四)會、同，皆諸侯朝見天子之名；此謂歸附。六府，水、火、金、木、土、穀。孔，甚。修，治。庶，眾。交，俱。正，謂美惡之等第得其正。厎，致。財賦，謂稅收。咸，皆。則，準則。三壤，謂田上中下三等。成，定。中邦，中國。(七五)錫，賜。錫土姓，謂賜諸侯以土地及民眾：友人楊希枚說，見所著先秦賜姓制度理論的商榷。台（ㄧˊ），與以通；例見王孫鐘：于省吾說。距，抵拒不順。

【譯文】 九州之內都已平定，四海的邊上也已經住人了。九個系統的山脈中樹木上都作了標記，可通行了；九個系統的河流都已源頭暢達了；九個（大的）湖澤都已築起了堤防。於是四海以內人民通通歸附了王朝；六種（人民日用的）物質都已治理好了；各處土地的優劣都已評定了，所慎重的是稅收，通通按照三等田地來規定中國的賦稅。把土地和民眾賞賜給諸侯，則是按照他們的品德來決定先後。這樣，天下（的人）就不抗拒我們（政府）的措施了。

五百里甸服：百里賦納總，二百里納銍，三百里納秸服，四百里粟，五百里米（七六）。五百里侯服：百里采，二百里男邦，三百里諸侯（七七）。五百里綏服：三百里揆文教，二百里奮武衛（七八）。五百里要服：三百里夷，二百里蔡（七九）。五百里荒服：三百里蠻，二百里流（八〇）。

【註釋】 （七六）五百里，謂環王城之外，四方各距王城五百里；即東西、南北，相距各千里。百里，謂環王城百里以內。總，偽孔傳云：「禾稾曰總。」此言穀物連稾秸納之。二百里，王城百里之外，二百里之內；以下類推。銍（ㄓˋ），刈；謂割下之禾穗。秸（ㄐㄧㄚ。集韻：訖黠切。），斷去其稾及芒。帶稃者，謂之秸服：本陳奐說。粟，未去殼之穀實。米，去殼者。（七七）五百里，謂環甸服之外，四方各五百里；以下類推。蔡傳謂：采，卿大夫邑地。男邦，謂男爵之國；小國也。諸侯，謂大國次國。此言三百里，與前文異例；朱熹以為自三至五，為百里者三。（七八）三百里，謂近內之三百里；以下類推。揆文教，謂揆度王者文教而行。奮，振。衛，保衛。（七九）夷，謂夷人所居之地。蔡，流放；謂流放罪人所居之地：蔡傳說。（八〇）蠻，蠻荒之地。蔡傳云：「流，流放罪人之地。蔡與流，皆所以處罪人；而罪有輕重，故地有遠近之別也。」

【譯文】 （王城四周每面各）五百里（的區域），叫做甸服：其中最靠近王城的一百里地區繳納帶稾秸的穀物，其外一百里的區域繳納禾穗，再往外一百里的區域繳納去掉稾芒的禾穗，再往外一百里的區域繳納帶殼的穀子，最遠的一百里繳納無殼的米。甸服以外各五百里的區域叫做侯服：其中最靠近甸服的一百里是封王朝卿大夫的地方，其次的百里是封男爵的領域，其餘三百里是封大國諸侯的領域。侯服以外各五百里的區域是綏服：其中靠近侯服的三百里，斟酌著人民的情形來施行文教，其餘二百里則振興武力和保衛的力量。綏服以外各五百里是要服：其中靠近綏服的三百里是夷人所住的地方，其餘二百里是流放罪人的地方。要服以外各五百里是荒服：其中靠近要服的三百里是蠻荒地帶，其餘二百里也是流放罪人的地方。

東漸于海，西被于流沙；朔、南暨聲教，訖于四海㈠。禹錫玄圭，告厥成功㈡。

【註釋】 ㈠漸，入。被，及。朔，北方。南，南方。暨，參與。聲，謂政令。教，謂教化。訖，至。

㈡錫，與「錫貢」及「納錫」之錫同義，獻也。玄，天色。

【譯文】 （這時的疆域），東方伸入海中，西方達到沙漠地帶；北方、南方都參與了政令教化，（政令和教化）到達了四海。禹於是把青黑色的圭，獻給天子，來報告他已經成功了。

甘誓

甘，地名。誓，戰時誓師之辭。此篇為夏君與有扈氏戰於甘時之誓辭。或謂夏君為禹，或謂為啓，亦有謂為夏后相者，至今尚無定論。

本篇文辭淺易，與湯誓、牧誓相似。篇中言及六卿、五行、及三正。按：六卿之制，起於春秋；三正之名，始於戰國；且所謂五行，實指終始五德言；由此可知本篇當著成於戰國之世。墨子明鬼下篇，雖引本篇之文；然明鬼下乃墨者之徒所為，其著成時代甚晚，故及引之也。

大戰于甘，乃召六卿㊀。

【註釋】㊀甘，馬融以為有扈南郊地名（見史記集解）。據馬說核之，其地當在今陝西鄠縣。王國維以為：據卜辭，甘，疑即春秋甘昭公所封之邑；扈，疑即諸侯會于扈之扈：地當在周鄭間（見觀詁引）。按：王說較舊說為勝。鄭玄云（見詩正義）：「六卿者，六軍之將。」蓋天子六軍，其將皆命卿。按：六卿之制，始於春秋時之宋國；說見史景成所著六卿考源。

【譯文】將要在甘地發動大戰，（夏王）於是把六軍的將領召喚了來。

王曰：「嗟！六事之人㊁，予誓告汝。有扈氏威侮五行，怠棄

三正㊂。天用勦絕其命㊃，今予惟恭行天之罰。左不攻于左，汝不恭命；右不攻于右，汝不恭命；御非其馬之正，汝不恭命㊄。用命，賞于祖；弗用命，戮于社。予則孥戮汝㊅。」

【註釋】㊁古者謂卿為卿事，故三卿謂之三事。此六事，謂六卿也。六事之人，謂六卿及其統屬之人。㊂有扈，國名；姒姓（馬融說）。威，迬聞疑為威（蔑）字之訛。威，輕蔑。按：此五行，當指終始五德言。威侮五行，意謂輕蔑侮慢應五行之運而興之帝王（此指夏王言）。怠，惰慢不恭。三正，謂夏正建寅、殷正建丑、周正建子。王者受命，必改正朔。此言怠棄三正，意謂不奉夏之正朔。本篇為戰國時人述古之作，故用「三正」之辭，而偶未察其失也。㊃用，因而。勦（ㄔㄠ）絕，斷絕。命，謂國運。㊄左，謂在車左之戰士。攻于左，謂攻擊左方之敵人。恭命，順從命令。御，駕車。非其馬之正，謂進退旋轉不適當。㊅用命，即聽命。祖，謂遷廟之祖。古者天子出征，必先祭社及遷廟，而皆釁其主（神牌）以行，載之齋車。賞于祖，謂啟告於祖之神牌而賞之。社，謂齋車所載之社主。孥（ㄋㄨˊ），子。孥戮，言並其子而殺之。

【譯文】王說：「唉！你們六軍將領和（所領導的）戰士們，我來誓告你們。有扈國輕蔑侮辱我這應運而興的帝王，怠慢廢除王朝所規定的曆法。上天因而要斷絕了他的國運，現在我只有恭敬地來推行老天（對它）的懲罰。在車左的戰士假如不攻擊左方的敵人，那你們就是不恭謹於我的命令；在車右的戰士假如不攻擊右方的敵人，那你們就是不恭謹於我的命令；駕車的人假如不能使馬（進退旋轉）適當，也是不恭謹於我的命令。你們要是聽從我的命令，我就報告祖先的神靈而賞賜你們；要是不聽從命令的，我就在社神的牌位之前加以殺戮。（如果不聽從命令），我就連你們的兒子也殺死。」

商書

湯誓

本篇為商湯伐夏桀時誓師之辭。按：論語堯曰篇及國語內史過所引湯誓之辭，異於本篇；是本篇之外，尚有一湯誓。本篇文辭既不古，又充滿弔民伐罪之思想；其著成時代，疑亦在戰國之世。而孟子梁惠王篇引之，故當在孟子之前。

王曰：「格爾眾庶，悉聽朕言。非台小子，敢行稱亂；有夏多罪，天命殛㈠之。

【註釋】㈠王，謂商湯。格，告。庶，眾。悉，皆。台（ㄧˊ。集韻：盈之切。），我。稱，舉；作。殛，誅。

【譯文】王說：「告訴你們眾人，都來聽我的談話。並不是我這青年人，敢去作亂；只因夏國的罪惡多端，老天命令我去伐滅他。」

今爾有眾，汝曰：『我后不恤我眾，舍我穡事，而割正夏㊁。』予惟聞汝眾言；夏氏有罪，予畏上帝，不敢不正㊂。

【註釋】㊁后，君主。恤，憐憫。舍，同捨。穡事，農事。割，奪。正、與征古通。割正，謂征伐。下正字，義同。

【譯文】現在你們眾人，你們說：『我們的君主不憐憫我們眾人，捨棄（荒廢）了我們的農事，而令我們去征伐夏國。』我啊，已聽到你們眾人的話了；（但是）夏國有罪，我懼怕上帝，不敢不去征伐它。

今汝其曰：『夏罪其如台㊃？』夏王率遏眾力，率割夏邑，有眾率怠弗協㊄。曰：『時日曷喪？予及汝皆亡㊅！』夏德若茲㊆，今朕必往。

【註釋】㊃如台（一），若何。㊄率，語助詞：說見釋詞。下二率字同。遏，竭盡：廄詁說。割，廣雅：「害也。」怠，怠慢不恭。協，和。㊅時，是。日，以喻夏桀。曷，何時：說見丁聲樹所著詩經中的胡曷何。汝，謂桀。皆，與偕同義；共同。㊆德，行為。若茲，如此。

【譯文】　現在你們要說：『夏朝的罪惡是怎樣的呢？』夏王竭盡了民眾的力量，損害了夏國，民眾因而都怠慢不恭，跟他不和洽。都說：『這個太陽什麼時候才會滅亡呢？我情願跟你共同滅亡！』夏的行為如此，所以我一定得去征服他。

爾尚輔予一人，致天之罰，予其大賚汝㈧。爾無不信，朕不食言㈨。爾不從誓言，予則孥戮汝，罔有攸赦㈩。」

【註釋】　㈧尚，庶幾；希冀之詞。予一人，猶言我個人；古者天子每如此自稱。致，推行。賚（ㄌㄞˋ），賞賜。㈨無，勿。食言，即將話吞到肚裡；意謂不實踐其言。㈩罔，無。攸，所。赦，免罪。

【譯文】　希望你們輔佐著我個人，來推行老天的刑罰，我將要重重的賞賜你們。你們不要不相信，我不會說謊的。你們如果不聽從我的誓言，我就要連你們的兒子都殺死，沒有一個能得到赦免的。」

盤　庚

盤庚，殷帝名；祖丁之子，陽甲之弟，小辛之兄也。本篇乃記述盤庚自奄遷殷之事者。通行本分為上中下三篇，曰盤庚上、盤庚中、盤庚下。按：漢儒皆以為一篇，未嘗分別以上中下標題；僅於上篇中篇之末，各空一字以別之：漢熹平石經可證也。茲從漢人舊本，不更分別標題。

書序謂本篇作於盤庚時，史記殷本紀以為作於小辛時。按：本篇數言盤庚，而盤庚之名，乃其後人所命，非盤庚在世時之稱；可知本篇非當時所作。小辛時亦不當有「盤庚」之號，故知亦非作於小辛時也。疑為殷末人（甚至宋人）述古之作。

盤庚遷于殷，民不適有居。率籲眾慼出矢言㊀。

【註釋】㊀適，悅：孫疏說。有，于：釋詞說。率，用；猶言因而。籲，呼。慼，說文引作戚。戚，親也；謂近臣。矢，陳說：平議說。

【譯文】盤庚遷到殷來，人民都不喜歡住在這裡。（盤庚）因而呼籲一些親近的官員們，（讓他們）出來對民眾講話。

曰：「我王來，既爰宅于茲；重我民，無盡劉㊁。不能胥匡以生；卜稽曰其如台㊂？先王有服，恪謹天命；茲猶不常寧，不常厥邑，于今五邦㊃。今不承于古，罔知天之斷命，矧曰其克從先王之烈㊄？若顛木之有由櫱，天其永我命于茲新邑，紹復先王之大業，底綏四方㊅。」

【註釋】㊁我王，謂盤庚。宅，居。茲，指殷言。劉，殺。㊂胥，相。匡，輔助。卜稽，猶言卜問。如台（ㄧˊ），若何。㊃服，事。恪，敬。茲，如此。邑，指國都言。五邦，謂仲丁遷囂，河亶甲遷相，祖乙居耿，耿圮遷庇，南庚遷奄：楊樹達積微居讀書記說。㊄承于古，謂繼承先王之行。斷命，謂國運斷絕。矧，況。克，能。烈，業。㊅顛木，仆倒之樹木。由，說文引作甹；云：「木生條也。」蘖（ㄋㄧㄝ），樹木被斫伐後新生之嫩芽。永，長久。茲新邑，謂殷。紹，繼。復，恢復。厎，致。綏，安。

【譯文】（親近的官員們告誡其他官吏和民眾）說：「我們的君王遷到（殷）來，已經住在這裡了；（他所以要遷來），是由於看重我們民眾，不致使民眾通通受害而死。你們不能互相協助著生活；試去卜問你們這種行為的結果會如何呢？（以前）先王只要有所作為，都敬謹地遵從老天的命令；縱然如此，尚且不能永久安寧，不能永久地住在他們的都城（而不遷移），到現在已換了五個國都了。現在若不繼承古人的作風，就連老天要斷絕我們的國運都不能知道，何況說能夠從事先王們的功業？如同已仆倒的樹木又生出新芽來一般，老天會使我們的國運在這裡永久下去，繼承並恢復了先王們的偉大事業，使天下安定。」

盤庚斆於民，由乃在位，以常舊服，正法度㊆。曰：「無或敢伏小人之攸箴㊇！」王命眾，悉至于庭。

【註釋】㊆斆（ㄒㄧㄠˋ），教；曉諭。由，義如論語「民可使由之」之由，順從也。在位，謂在位之官員。乃，汝。常，與尚古通；謂尊尚。舊服，謂舊規。⑧此句乃告官吏之語。無，勿。伏，隱瞞。小人，民眾。攸，所。箴，馬融云（見釋文）：「諫也。」

【譯文】 盤庚教訓百姓們：要順從你們的官吏，來尊尚舊時的法規，使法度正當。（於是告訴官員們）說：「不要有人膽敢隱瞞著民眾對政府的規諫！」於是王就命令眾人，通通到庭院中來。

王若曰：「格汝眾。予告汝訓⑨：汝猷黜乃心，無傲從康⑩。古我先王，亦惟圖任舊人共政⑪。王播告之，修不匿厥指，王用丕欽；罔有逸言，民用丕變⑫。今汝聒聒，起信險膚，予弗知乃所訟⑬。

【註釋】 ⑨王，謂盤庚。若曰，如此說。格，告。眾，謂眾官吏。訓，訓辭。⑩猷，與攸通；語助詞：釋詞有說。黜，降低。乃，汝。傲，同敖；遊樂。從，與縱通；放縱。康，安逸。⑪圖，謀；打算。任，用。舊人，共事年久之人。共政，共治理政事。⑫王，謂先王。播，播告，布告。修，讀為攸，語詞：平議及駢枝並有說。匿，隱。指，與旨古通。用，因以。丕，語詞。欽，善之：吳氏尚書故說。逸，過錯。⑬聒（ㄍㄨㄚ）聒，馬融云（見正義）：「拒善自用之意。」起，猶更。信，申。險，邪。膚，傳；說。言更申邪說：吳氏尚書故、及吳闓生尚書大義（以下簡稱大義）並有說。訟，爭論。

【譯文】 王如此說：「告訴你們眾人。我現在來向你們致訓辭。你們要把你們的心意（願望）降低些，不要遊樂而放縱地安逸。古代我們的先王，只是打算著任用老同事來共同辦理政事。先王向官員們布告政令，官員們都能不隱瞞王的旨意，王因而對他們滿意；（官員們傳布政令），都沒有錯誤的言論，民眾因而也都改過向善了。現在你們聒聒地自以為是而拒絕別人的好意見，又另外發表邪說，我不知道你們到底在爭論些什麼。

非予自荒茲德；惟汝含德，不惕予一人㈣。予若觀火。予亦拙謀，作乃逸㈤。

【註釋】㈣荒，荒廢。含，應從史記作舍；與捨同。惕，懼。㈤觀火，謂視民情如觀火之明。拙謀，謂所謀拙劣。作，作成。乃，汝。逸，過錯。

【譯文】這並不是我自己荒廢了這美德；只是你們放棄了美德，不怕我個人。我（對你們這種情形）好像看火似的（那麼清楚）。這當然也怪我的計謀拙劣，以至造成你們的過失。

若網在綱，有條而不紊㈥；若農服田力穡，乃亦有秋㈦。

【註釋】㈥綱，繫網之大繩。條，條理。紊，亂。㈦農，農人。服，從事。力，努力。穡，耕稼。有秋，猶有年；謂穀物豐收。

【譯文】就像把網繫在綱上，才能有條有理而不紊亂；就像農人從事田野工作，努力耕種，才能豐收。

汝克黜乃心，施實德于民，至於婚友；丕乃敢大言，汝有積德⑱。乃不畏戎毒于遠邇；惰農自安，不昏作勞，不服田畝，越其罔有黍稷⑲。汝不和吉言于百姓，惟汝自生毒⑳；乃敗禍姦宄㉑，以自災於厥身。乃既先惡于民，乃奉其恫，汝悔身何及㉒！

【註釋】 ⑱婚友，婚姻朋友。丕乃，猶乃也。⑲戎，大。毒，害。遠，謂遠日。邇，謂近日。⑳昏，鄭玄讀為敃（見正義），云：「敃，勉也。」作勞，操作勞動。服，從事。釋詞：「越其，猶云爰乃也。」罔，無。和，與桓、宣古通；此當讀為宣，宣布也：平議說。吉，善。百姓，民眾；或作百官解，亦通。毒，禍害。㉑敗，壞亂。姦宄，見堯典注。㉒奉，承；受。恫（ㄊㄨㄥ），痛苦。悔身，自身後悔。

【譯文】 你們要能降低你們的心意，對民眾施與實在的德惠，以至於婚姻朋友；你們纔敢說句大話，說你們已有積累的德惠。你們不怕在遙遠的將來和近日會有大災害；像怠惰的農人一樣自己尋求安逸，不奮勉地操作勞動，不從事田野工作，於是就不會收穫到黍稷等穀物了。你們不對民眾（或官員們）宣布良好的言論，這是你們自己造成的禍害；於是毀壞、災禍、和內外的擾亂（都生出來），以致自己害了自己。你們已經先為民眾所討厭，才遭受到那種痛苦，你們自己後悔怎麼還來得及！

相時憸民，猶胥顧于箴言；其發有逸口，矧予制乃短長之命㉓？汝曷弗告朕，而胥動以浮言，恐沈于眾㉔？若火之燎于原，不可嚮邇，其猶可撲滅㉕。則惟汝眾自作弗靖，非予有咎㉖。

【註釋】㉓相，視。時，是。憸（ㄒㄧㄢ）民，蔡傳：「小民也。」胥，相。箴言，箴戒之言；指政令言。發，謂發言。蔡傳：「逸口，過言也。」此句指諸臣言。矧，何況。制，管制；猶言掌握。乃，汝。短長之命，言壽命之長短。㉔曷，何。胥，相。動，鼓動。浮言，無根之言。恐，恐嚇。沈，讀為抌。說文：「告言不正曰抌。」孫疏說。㉕燎，燒。原，野。嚮邇，接近。其猶可撲滅，謂尚可撲滅。㉖靖，善。述聞說。咎，過。

【譯文】看看這些小民，他們還都顧到政府勸戒的話；要是你們發言有所錯誤，何況我掌握著你們或短或長的生命？你們為什麼事前不告訴我，卻用謠言互相鼓動，來恐嚇煽惑民眾。（你們這種作法）如同大火在原野中燃燒起來一般，（雖然）火勢猛烈得使人不能接近，可是，尚且可以撲滅它。那就是你們眾人自己所作的不好，不是我有什麼過錯。

遲任有言曰：『人惟求舊，器非求舊、惟新㉗。』古我先王，暨乃祖乃父，胥及逸勤；予敢動用非罰㉘？世選爾勞，予不掩爾善㉙。茲予大享于先王，爾祖其從與享之㉚。作福作災，予亦不敢動用非德㉛。

【註釋】㉗遲任，古賢人。人，謂官吏。㉘胥及逸勤，言相與共勞逸。敢，豈敢。非罰，不當之罰。㉙選，計算。勞，功勞。掩，掩沒。㉚享，祭獻。從，跟從。與，參預。㉛作福作災，謂神降福降災。非德，不當之德惠。

【譯文】遲任有句話說：『任用官員要用同事年久的人，器物就不要找舊的，而要新的。』古時我們的先王，跟你們的祖先父親，是互相共過安逸和勞動的，我豈敢對你們施行不合理的刑罰？世世代代都計算著你們的功績，我不會埋沒你們的好處的。現在我要隆重地來祭祀我們的先王，你們的祖先也就會相隨而來享受我的祭祀。（對你們會）降給幸福或降給災難（全憑先王和你們祖先的意旨），我也不敢給你們不合理的恩惠。

予告汝于難；若射之有志㉜。汝無侮老成人，無弱孤有幼㉝。各長于厥居，勉出乃力，聽予一人之作猷㉞。無有遠邇，用罪伐厥死，用德彰厥善㉟。邦之臧，惟汝眾；邦之不臧，惟予一人有佚罰㊱。

【註釋】㉜于，義與以同：覈詁說。難，困難。志，識；謂擬射之標識；即的。㉝侮老，漢石經作翕侮。孫疏謂翕侮猶言狎侮。唐石經作老侮，謂以其老邁而侮之。述聞：「弱孤連言，以為孤弱而輕忽之也。」按：有，于。㉞長，永久。乃，汝。聽，從。作猷，所作之謀畫。㉟用罪，謂作惡。伐，殺。用德，謂行善。彰，表揚。㊱臧，善。佚，國語周語引作逸。佚、逸古通；過也。佚罰，謂錯誤之懲罰。

【譯文】我來告訴你們困難的事；就像射箭一樣，要有一個目標。你們不要欺侮成年人，也不要欺侮弱小孤苦的幼年人。你們各人永久住在你們現在所住的地方，奮勉地拿出你們的力量，聽從我個人所作的計畫。無論遠年或近日，你們若走上罪惡的路，我就要殺死你們，你們若趨向美善的路，我就會表揚你們的好處。國家要是好，那就是你們眾人的關係；國家要是壞了，那就是我個人有了錯誤的懲罰。

凡爾眾，其惟致告㊲：自今至于後日，各恭爾事，齊乃位，度乃口㊳。罰及爾身，弗可悔㊴。」

【註釋】㊲蔡傳：「致告者，使各相告戒也。」㊳恭，謹。齊，正；義見詩小宛毛傳。位，職位。度，說文作⿰度攴；閉也。㊴「罰及」句上有省文；意謂如不然則罰及爾身也。上篇止此。

【譯文】凡是你們眾人，各人都要輾轉相告：從今天到將來，各人要敬謹地去做你們的事業，正當的在你們的職位，閉起你們的嘴來。（如若不這樣）刑罰就加到你們身上，（到那時）你們可不要後悔。

盤庚作，惟涉河以民遷㊵。乃話民之弗率，誕告用亶㊶。其有眾咸造，勿褻在王庭㊷。

【註釋】㊵作，起來。惟，謀：尚書故說。涉河，渡黃河而北。㊶話，尚書故云：「會也」。率，從。誕，發語詞。用，以。亶（ㄉㄢˇ），誠。㊷咸，皆。造，至。勿，無。褻，狎慢。

【譯文】盤庚起來，計畫著渡過黃河帶著民眾遷移。於是會集人民中不服從的，誠懇地來勸告他們。這些百姓都來到了，沒有人敢在王的庭院中狎慢不敬的。

盤庚乃登進厥民。曰：「明聽朕言，無荒失朕命㊸。嗚呼！古我前后，罔不惟民之承保，后胥慼；鮮以不浮于天時㊹。殷降大虐，先王不懷；厥攸作，視民利用遷㊺。汝曷弗念我古后之聞㊻？承汝俾汝，惟喜康共；非汝有咎，比于罰㊼。予若籲懷茲新邑，亦惟汝故，以丕從厥志㊽。

【註釋】㊸登進，使近前。荒，廢棄。㊹前后，謂先王。之，是。承保二字連用，猶言保護也。胥，皆。慼，當讀為戚；親也。便讀云：「鮮，少也。浮，孚也；猶符合也。」㊺殷，似即殷商之殷。惟以殷為國號，乃遷殷以後事。此時尚未遷殷，不應用此名號；然此乃後人述古之辭，故不足異。或解殷為「盛貌」，亦通。虐，謂災難。按：成湯以後數遷，均不外今魯西、豫東、及皖北一帶。此一地帶，常因黃河泛濫成災。此所謂大虐，蓋謂水災。懷，安。厥，指先王。攸，於是。作，起。㊻曷，何。古后，先王。聞，恤問。㊼承，保護。俾，益。喜，樂。康，安。咎，過錯。比，擬。㊽若，如此。籲，呼。懷，來。丕，語詞。厥，指古后。

【譯文】 盤庚於是使這些民眾到近前來。說：「你們明白地聽我的告戒，不要荒廢（違背）了我的命令。唉！古時我們的先王，沒有不是保護人民的，先王都親愛他們；很少有不順應天時去作的。我們殷國（遭到老天）降下的大災難，先王心中不安；他們於是起來，視人民的利益所在而遷徙。你們何以不去想想我們的先王對於民眾的憐恤慰問（的情形）呢？（先王）保護你們、為你們謀利益，是要和你們共享安樂；並不是你們有什麼過失，而用遷徙來當作懲罰。我現在這樣呼籲你們到這新城市來，也是為了你們的緣故，用以遵從先王的意志。

今予將試以汝遷，安定厥邦。汝不憂朕心之攸困，乃咸大不宣乃心，欽念以忱；動予一人㊾。爾惟自鞠自苦：若乘舟，汝弗濟，臭厥載㊿。爾忱不屬，惟胥以沈(51)。不其或稽，自怒曷瘳(52)？

【註釋】 ㊾咸，皆。宣，與和通。欽，敬。念，考慮。忱，誠。動，驚動。㊿鞠，困厄。濟，渡過。臭，敗壞。載，舟中所載之物。(五一)忱，誠。屬，足。胥，相。(五二)稽，考察。怒，漢石經作怨；義較長。瘳（ㄔㄡ），病愈。

【譯文】　現在我打算帶著你們遷徙，來安定國家。你們不憂慮我心中的困苦，你們的心情竟然都大大地不協和，也不敬謹地誠心誠意地來考慮考慮；以至驚動了我個人。你們只是自找困厄自尋苦惱；好像（大家共同）乘船一樣，你們不能渡過，以致敗壞了船中所載的貨物。你們的誠意不夠，那只有互相沉沒。你們自己不來檢討一下，（將來）自己怨恨自己，那怎麼還會好了呢？

汝不謀長，以思乃災；汝誕勸憂(五三)。今其有今罔後，汝何生在上(五四)？今予命汝一，無起穢以自臭，恐人倚乃身，迂乃心(五五)。予迓續乃命于天；予豈汝威？用奉畜汝眾(五六)。

【註釋】　(五三)長，長久。乃，汝。誕，語詞。勸，助長也。(五四)上今字，意謂如目前不遷之情形。上，謂天。汝何生在上，意謂上天何能容汝生存也。(五五)一，一心不貳。起，作。孫疏讀倚為掎，云：「偏引也。」偏引，即往一邊拖。迂，邪僻。(五六)迓，匡謬正俗引作御。御，用；因而。威，懲罰。奉，助。畜，養。

【譯文】　你們不往長久方面計畫，也不去想想你們的災害；你們只是助長大家的憂愁。若像目前這樣不遷，那就只有今天沒有後來了，那麼，上天怎麼會容許你們生存呢？現在我命令你們一心一德，不要作出汙穢來自己臭自己，恐怕有人將你們的身體往一邊拖（往一面倒），使你們的心思邪僻不正。我因而延續你們在天上的命運；我那裡是來懲罰你們？我是為了保護、撫養你們眾人。

予念我先神后之勞爾先；予丕克羞爾，用懷爾然（七七）。失于政，陳于茲，高后丕乃崇降罪疾（七八）；曰：『曷虐朕民！』汝萬民乃不生生，暨予一人猷同心，先后丕降與汝罪疾；曰：『曷不暨朕幼孫有比（七九）！』故有爽德，自上其罰汝，汝罔能迪（八〇）。

【註釋】（七七）先神后，謂已亡故之先王。爾先，爾先人。丕，語詞。羞，養。懷，安。然，焉：尚書故說。（七八）陳，久。茲，謂此地（奄）。高后，猶言古后；謂先王。崇，重。（七九）釋詞：「乃，猶若也。」生生，謂謀生。猷，語詞。比，親近。有比之有，語詞。（八〇）爽，失；錯誤。德，行為。上，謂上天。迪，逃：尚書故說。

【譯文】我想到我那已成神靈的先王當年勞動你們先人（的情形）；所以我也能養護你們，來安定你們。如果我在政治上失策，永久住在這裡（奄），先王就會重重地降下懲罰與疾病在我身上；說：『為什麼暴虐我的人民！』你們民眾如不謀生，不跟我個人同心同德，那麼先王也會降給你們罪過與疾病；說：『為什麼不和我的小孫子相親近呢！』所以你們若有錯誤的行為，那就會從天上來懲罰你們，你們沒有辦法能夠逃避。

古我先后，既勞乃祖乃父，汝共作我畜民(六一)。汝有戕則在乃心，我先后綏乃祖乃父；乃祖乃父，乃斷弃汝，不救乃死(六二)。茲予有亂政同位，具乃貝玉(六三)。乃祖乃父，丕乃告我高后曰：『作丕刑于朕孫。』迪高后丕乃崇降弗祥(六四)。

【註釋】(六一)畜，好：孫疏說。(六二)尚書故謂則乃賊之借字。賊，亦害義。綏，告：尚書故及駢枝並有說。弃，古文棄字。(六三)政，與正通；謂官長。亂政，猶言亂臣；不守法之官吏也。具，聚集。貝、玉，謂財寶。(六四)迪、猷音通，語詞。崇，重。弗祥，不吉之事。

【譯文】古時候我們的先王既然勞動了你們的祖先及父親，你們同是我的好民眾。你們心中要是有作惡的念頭，我們先王（在天之靈）就會告訴你們的祖先和父親；你們的祖先和父親，於是就會棄絕你們，不挽救你們的死亡。現在我有搗亂的官員共同在位，老是聚集你們的財寶。你們的祖先及父親，就會報告我的先王，（先王）說：『施行刑罰給我的子孫。』於是，先王就會重重地降下災禍來。

嗚呼！今予告汝不易：永敬大恤，無胥絕遠(六五)；汝分、猷念以相從，各設中于乃心(六六)。乃有不吉不迪，顛越不恭，暫遇姦宄(六七)；我乃劓殄滅之，無遺育，無俾易種于茲新邑(六八)。往哉生生！今予將試以汝遷，永建乃家。」

【註釋】(六五)敬，謹。恤，憂。無，勿。胥，相。絕遠，不相親。(六六)分，漢石經作比。比，親近也。猷，語詞。念，考慮。從，順從。設，漢石經作翕。翕中，猶言和衷：尚書故說。(六七)吉，善。迪，順。顛越，猶言隕越；謂作壞了事。不恭，謂不順從命令。暫，讀為漸，詐也。遇，讀為隅，姦邪也：並述聞說。(六八)說文劓之或字作劓。廣雅：「劓，斷也。」殄，絕。育，稺；謂幼童。俾，使。易，移。中篇止此。

【譯文】唉！現在我告訴你們（國運）是不容易（維持）的：你們要永遠謹慎於大的可憂的事情，不要互相疏遠；你們要親近，要考慮著互相順從，各人心中都要有和衷共濟的觀念。若有人不善良不和順，貽誤國事而不服從命令，詐偽姦邪犯法作亂；那我就要殺盡他的全家，連幼童也不留下，不讓他們這些壞種遷移到這新城來。去吧，（好好地）謀生吧！現在我將要帶領著你們遷移，永遠地建立你們的家園。

盤庚既遷，奠厥攸居。乃正厥位，綏爰有眾(六九)。

【註釋】(六九)奠，定。攸，所。正厥位，謂正立於其位，即就位之意。綏，告：尚書故說。爰，於。

【譯文】盤庚已經遷移，在他所住的地方安頓下來。於是站在他的位置上，告戒眾人。

曰：「無戲怠，懋建大命(七〇)。今予其敷心腹腎腸，歷告爾百姓于朕志(七一)。罔罪爾眾；爾無共怒，協比讒言予一人(七二)。

【註釋】(七〇)懋，勉。大命，謂國運。(七一)敷，宣布。敷心腹腎腸，意謂把內臟拿出來，以示誠意。歷，明。百姓，百官。志，意見。(七二)罔，非。協，合。協比，言共相親暱。

【譯文】（盤庚）說：「你們不要戲謔怠慢，要奮勉地來建立我們的國運。現在我來宣布誠心，明白地把我的意見告訴你們眾官員。我並不是把罪過加在你們眾人身上；你們不要共同對我忿怒，互相親暱地（聯合在一起）來毀謗我個人。

古我先王，將多于前功，適于山(七三)。用降我凶，德嘉績于朕邦(七四)。今我民用蕩析離居，罔有定極。爾謂朕：『曷震動萬民以遷(七五)？』肆上帝將復我高祖之德，亂越我家(七六)。朕及篤敬，恭承民命，用永地于新邑(七七)。肆予沖人，非廢厥謀，弔由靈(七八)。各非敢違卜，用宏茲賁(七九)。

【註釋】(七三)將，音鏘，發語詞。前功，舊功。適，往。山，謂高地。(七四)降，除去。凶，謂災難。

德，讀為得。嘉，美。績，功。(七五)蕩，流動。析，分散。定極，定止之處。曷，何。震動，驚動。(七六)肆，語詞。德，行為；謂適于山之事。亂，治；安定。越，與粵通；於也。(七七)及，猶汲汲也；義見隱公元年公羊傳。篤，惇厚。敬，謹慎。承，保護。永地，猶久住。新邑，謂殷。(七八)沖，幼。沖人，盤庚自謙之辭。厥謀，謂先祖昔日遷徙之謀。金文「叔」字與「弔」相似，故叔字往往誤為「弔」。叔，與淑通，善也。由，用。靈，與令古通。弔由靈，善用命也：參駢枝說。(七九)宏，大。賁，美；謂美事。

【譯文】 古時候我的先王，在以往建立了甚多的功績，（他們都是）遷到高地去。因而消除了我們的災難，得到了好的功績在我們的國家。現在我們民眾由於流蕩分散離開了老家，而沒有安定居留的地方。你們要對我說：『為什麼驚動民眾來遷徙呢？』（我所以遷徙）是上帝要恢復我們祖先的行為，安定我們的國家。我汲汲地向著忠厚謹慎的目標邁進，恭謹地保護民眾的生命，藉以永遠居住在這新的城邑裡。所以我這年輕人，不敢放棄先王這種計謀，而妥善地遵從先王的命令；你們各人都不要敢於違背了我們的占卜，來發揚光大我們這美好的事業。

嗚呼！邦伯、師長、百執事之人，尚皆隱哉(八〇)。予其懋簡相爾，念敬我眾(八一)。朕不肩好貨；敢恭生生，鞠人、謀人之保居，敍欽(八二)。今我既羞告爾于朕志，若否，罔有弗欽(八三)。無總于貨

寶，生生自庸。式敷民德，永肩一心㊹。」

【註釋】 ㊵邦伯，邦國之長，謂諸侯：覈詁說。師長，眾官長。百執事之人，百官。尚，庶幾；希冀之詞。廣雅釋詁一：「隱，度也。」㊶懋，勉。簡相，謂選為佐理之人。念，顧念。敬，尚書故讀為矜。矜，憐恤也。我眾，謂諸臣。㊷肩，任。好貨，好貨財之人。覈詁云：「敢，猶能也。」恭，古但作共。共，謂共同。鞠，育；養。保，安。敘，謂次第官爵。欽，善。㊸羞，進；奉。于，以。若，順；謂同意者。否，謂不同意者。罔，勿。欽，敬；謂順從。㊹總，聚。庸，用。式，語詞。敷，施。德，德惠。肩，克；能夠。

【譯文】 唉！各國的首長，眾官長、以及所有的官員們，可都要度量度量啊。我將盡力地提拔你們作為助手，（你們）要顧慮憐憫我們的民眾。我不會任用愛財的人；你們若能共同謀生，能養護人民、能圖謀人民的安居，我就銓敘（你們）的官爵以示嘉獎。現在我已將我的意見奉告你們，不管你們同意或不同意，不要有一個人不服從我。不要聚斂財貨寶物，要好好地謀生來供自己享用。要施與民眾們恩惠，要能永遠地一心一德。」

高宗肜日

高宗，武丁也。肜（ㄖㄨㄥˊ），祭名。甲骨文中關於肜祭之記載甚多，肜日上之人名，乃被祭之祖先，而非主祭之人。以是知高宗肜日，乃後人之祭武丁。書序以本篇為高宗祭成湯，祖己作此以訓于王者，非也。又武丁之稱高宗，當在殷代末葉；而祖己之稱，亦必在其孫輩以後。本篇既著祖己之名，知史記殷本紀所謂祖庚立，祖己立武丁之廟，作高宗肜日者，亦非也。蓋本篇乃後人述古之作，以記祖庚肜祭武丁時，祖己戒王之事者。

高宗肜日，越有雊雉。祖己曰：「惟先格王，正厥事㈠。」

【註釋】㈠越，爰；語詞。雊（ㄍㄡˋ），雉鳴。雉，山雞。吳其昌謂祖己即孝己，武丁子（見殷契解詁）。按：祖庚立時，孝己已死；知其說非是。此祖己未知究為何人。格，告。事，謂祭祀之事。舊說祭祀時有雉登鼎耳而鳴；有此怪異，必祭祀有未當處，故云正厥事。

【譯文】肜祭高宗的那天，有一隻山雞（飛到祭器上）啼叫起來。祖己說：「這要先去報告王，使王改正祭祀的事。」

乃訓于王曰：「惟天監下民，典厥義。降年有永有不永；非天夭民，民中絕命㈡。民有不若德，不聽罪；天既孚命正厥德，乃曰：『其如台㈢？』」

【註釋】㈡訓，告教。監，監視。典，主持。典厥義，謂主持正義。年，壽命。永，長久。「非天夭民」二句，史記作「非天夭民，中絕其命。」茲從之。㈢若，順從。聽罪，謂聽從上天所給予之罪。孚，史記、漢石經皆作付。付，謂降與。正，糾正。如台，如何。

【譯文】於是告教王說：「老天監視著世人，他是主持正義的。天降給人的壽命有的長久，有的不長久；這並不是老天無故使人夭折，使人中途斷絕了生命。因為有些人不順從著美德（去做），不聽從老天所給的懲罰；老天既然給與命令來糾正他們的行為，他們竟然說：『天還能把我怎麼樣呢？』

嗚呼！王司敬民；罔非天胤，典祀無豐于昵㈣。」

【註釋】㈣司，史記作「嗣」；王司，謂繼嗣王位者。民，敃之省；勉：尚書故說。天胤，猶言天子；此指諸先王。典祀，經常之祭祀。無，勿。豐，盛。昵（ㄋㄧˋ），馬融云（見釋文）：「考（亡父）也；謂禰廟（父廟）也。」蓋祖庚肜祭高宗過於豐厚，故祖己諫之。

【譯文】唉！（你這）繼承先王的人，要謹慎奮勉；（我們的先王）都是（無不是）天子，經常的祭祀不要對於亡父過度豐厚呀。」

西伯戡黎

西伯，周文王也。便讀云：「戡，勝也。」黎，尚書大傳作耆，史記殷本紀作飢，一作阢，國名；舊說以為在上黨東北（今山西長治縣）。覈詁則以為此黎當是驪山下之驪戎，以其距文王所都之豐甚近也。茲從其說。本篇文辭淺易，蓋亦後人述古之作。

西伯既戡黎，祖伊恐，奔告于王㈠。

【註釋】㈠史記謂祖伊為紂之臣。王，謂紂。

【譯文】西伯已戰勝了黎國，祖伊很恐慌，跑去報告（紂）王。

曰：「天子！天既訖我殷命；格人元龜，罔敢知吉㈡。非先王不相我後人，惟王淫戲用自絕。故天棄我：不有康食，不虞天性，不迪率典㈢。

【註釋】㈡訖，終止。格，假；借：便讀說。元龜，大龜。古以龜卜，以為龜愈大而愈靈。敢，能。大龜之靈既已與人，故殷人不能知吉。㈢相，助。康，安。駢枝云：「不有康食，謂饑饉；不虞天性，謂疫癘：皆天災也。虞，樂也；娛之借字。」迪，順。率，與律通，法也：孫疏說。率典，即法典。

【釋文】說：「天子！老天既然終止了我們殷國的命運；把大龜（的靈性）借給別人，（我們）就不能知道吉凶。這並不是我們的先王不幫助我們後人，都是因為王太荒淫愛玩而自己斷絕了國運。所以老天就捨棄了我們：使我們不能安寧地生活，不能使天性愉快，（而且）大家都不遵從法典。

今我民罔弗欲喪，曰：『天曷不降威？大命不摯，今王其如台㈣！』」

【註釋】㈣喪，謂亡國。降威，謂賜予懲罰。大命，此處指天之命令言。摯，至。如台，如何。

【譯文】現在我們的人民沒有一個不希望我們國家滅亡的，（他們）說：『老天為什麼不降給王懲罰呢？老天的命令不降下來，對於現在的王怎麼辦呢！』」

王曰：「嗚呼！我生不有命在天？」祖伊反曰：「嗚呼！乃罪多參在上，乃能責命于天㈤！殷之即喪，指乃功；不無戮于爾邦㈥。」

【註釋】㈤反，謂對答。參，擺列。上，謂天上。責，責望。㈥即，就。指，與旨通；是也。功，事。不無戮于爾邦，言殷邦不能免於滅亡。

【譯文】王說：「啊！我生活在世不是有命運在天上嗎？」祖伊回答說：「唉！你的罪惡許許多多都擺列在天上，竟然還能責備天希望老天給你好命運！殷國的趨於滅亡，全是你所造成；（這樣下去）不會不滅亡你的國家的。」

微子

史記謂微子為紂之異母兄，呂氏春秋及鄭玄則以為紂之同母兄。兩說未詳孰是。告子述或說，又謂微子為紂之諸父。恐不然也。微，畿內國名。子，爵也。本篇文辭淺易，蓋亦非當時之作品。

微子若曰：「父師、少師，殷其弗或亂正四方㈠。我祖厎遂陳于上；我用沉酗于酒，用亂敗厥德于下㈡。殷罔不小大、好草竊姦宄，卿士師師非度，凡有辜罪，乃罔恒獲㈢。小民方興㈣，相為敵讎。今殷其淪喪，若涉大水，其無津涯。殷遂喪，越至于今㈤。」

【註釋】㈠父師，史記作太師。鄭玄云（見皇侃論語疏）：「父師者，三公也；時箕子為之。少師者，大師之佐，孤卿也；時比干為之。」是鄭氏亦以父師為太師。述聞謂尚書率字每訛為亂字。按：此亂字亦當為率。率正四方，謂率天下以歸於正。㈡厎，致。尚書故云：「遂陳，猶遂古遂遠也。」按：遂陳，意謂遂陳之人，猶言陳人，古人也。上，謂上天。沉酗，猶沈醉。下，謂人間。㈢小大，猶老少。便讀：「草，鈔也；掠也。」此言老少之人無不好掠竊姦宄。師師，謂互相師法。非度，不合法度。辜，罪。恒，常。獲，捕獲。㈣方，並；普遍。興，起。㈤淪喪，滅亡。津，渡口。遂，終。越，爰。至於今，謂在於今日。

【譯文】 微子這樣說：「太師、少師，殷恐怕不能領導天下走到正路上去。我們的祖先已作了古人在天上了；我們就沉醉在酒中，因而就胡亂地在人間毀壞了自己的品德。我們殷國不管年少的年老的，沒有不愛搶劫偷竊作亂的，官員們互相效法著去做不法的事，凡是犯了罪的人，竟然常常不逮捕（他們）。於是人民普遍起來，互相敵對仇視。現在殷國恐怕就要滅亡了，好像在渡過大河一般，這條河將是沒有渡口和涯岸的。殷國終於要滅亡的，那麼就是在現今了。」

曰：「父師、少師，我其發出狂？吾家耄、遜于荒㈥？今爾無指告予，顛隮若之何其㈦？」

【註釋】 ㈥發，行。狂，應依史記作往。耄（ㄇㄠˋ），老。遜，遁。荒，荒野。㈦指告，指示。顛，倒。隮（ㄐㄧ），墜落。其，音箕，語詞。

【譯文】 （微子）說：「太師、少師，我還是出發到別處去呢？我還是住在家中直到老年、退隱在荒野呢？現在你們若不指點我，將來要是仆倒墜落了，那怎麼辦呢？」

父師若曰：「王子！天毒降災荒殷邦，方興沉酗于酒㈧。乃罔畏畏，咈其耇長、舊有位人㈨。今殷民，乃攘竊神祇之犧牷牲，用以容，將食無災⑩。降監殷民，用乂；讎斂，召敵讎不怠⑪。罪合于一，多瘠罔詔⑫。

【註釋】㈧微子為帝乙之子，故稱王子。毒，史記作篤；荒，作亡。篤，猶重也。方，並。興，起。㈨下畏字讀為威。咈（ㄈㄨˊ），違。耇（ㄍㄡˇ），老。舊，久。有，猶于也。⑩因其來而順手取之曰攘，往取曰竊。神，天神。祇（ㄑㄧˊ），地神。犧，純色之牲（祭神以純色之牲為貴）。牷（ㄑㄩㄢˊ），整體之牲。容，謂寬容其罪。將，猶持也；便讀說。災，指刑罰言。⑪降，下。監，視。乂，治。上讎字馬融作稠（見釋文），多也；謂屢屢也。鄭玄云（見釋文）：「斂，賦斂也。」召，招來。便讀云：「不怠，猶不已也。」⑫罪合于一，言君民同惡相濟，合為一體。瘠，瘦；猶言病苦。詔，告。

【譯文】太師這樣說：「王子！老天重重地降下災難來滅亡我們殷國，（讓我們官民）都來沉醉在酒中。竟然都不怕懲罰，違背了他們的年老而在位已久的官員。現在殷的人民，居然順手偷竊祭神用的整個的純色的牲畜，而政府竟寬容（他們），取去吃了而沒有一點災殃。老天向下監視著殷的人民，目的在於使國家太平；（現在）橫征暴斂，以致招來人民的仇視，而仍暴斂不已。因此，天子和人民的罪惡，合成了一體；（許多良民受了）無限的痛苦而無處控訴。

商今其有災，我興受其敗㈢。商其淪喪，我罔為臣僕㈣。詔王子出迪，我舊云刻子；王子弗出，我乃顛隮㈤。自靖，人自獻于先王，我不顧行遯㈥。」

【註釋】㈢興，舉也；皆也。平議說詩大雅抑「興迷亂於政」之興字如此。敗，禍災也；義見禮記孔子閒居鄭注。㈣古時戰勝者以被征服者為臣僕；臣僕，即奴隸。㈤詔，告。迪，逃：尚書故說。舊，久。刻，害。顛隮，指殷亡後無人主殷祀言。㈥靖，謀。人，謂人人。自，各自。獻，貢獻。顧，顧慮。行遯，遯逃。

【譯文】商現在就要有災禍了，我們都要受到災難。商就要滅亡了，我不會作（周人的）奴隸。我勸告王子逃走，我早就說過（王）會害你的；王子若不出走，我們殷國那就完了。各人自己要打算打算，人人要各自有所貢獻於先王，但我卻不考慮逃亡的事。」

周書

牧誓

牧，地名；在今河南淇縣之南。本篇述周武王與商紂戰於牧野時誓師之辭。其辭既不如周誥諸篇之古奧；篇中又以「夫子」為第二稱謂，乃戰國以來之習慣用法（說見洙泗考信錄卷二），知其為戰國時人述古之作。

時甲子昧爽，王朝至于商郊牧野，乃誓㊀。

【註釋】㊀甲子，據史記周本紀，乃武王十二年二月甲子日，而齊太公世家又以為十一年正月甲子。二者孰是，尚無定論。昧爽，天微明日未出時：據孫疏說。王，謂武王。朝，早：尚書故說。商郊，商都之郊。牧野，牧之郊野。

【譯文】那時是甲子日天剛剛黎明，王老早就到了商都郊外牧的曠野，於是就宣誓了。

王左杖黃鉞，右秉白旄以麾；曰：「逖矣西土之人㊁。」

【註釋】㊁杖，持。鉞（ㄩㄝ），大斧。秉，持。旄，旄牛尾。麾，指揮。逖，遠。西土，西方。周在西方，所率以伐殷者，皆西方之諸侯；故云西土之人。

【譯文】王左手拿著一把黃色大斧，右手拿著一條白旄牛尾來指揮；說：「（路程真）遠呀！（我們這些）西方的人們。」

王曰：「嗟！我友邦冢君，御事、司徒、司馬、司空、亞、

旅、師氏、千夫長、百夫長，及庸、蜀、羌、髳、微、盧、彭、濮人㊂。稱爾戈，比爾干，立爾矛，予其誓㊃。」

【註釋】 ㊂冢君，猶言大君，乃尊稱各諸侯之詞。御事，眾官員。司徒，掌民政；司馬，掌兵事；司空，掌土地。亞、旅，皆官名，其職掌未詳。師氏，將兵之官。蔡傳：「千夫長，統千人之帥；百夫長，統百人之師也。」庸，在今湖北鄖陽縣。蜀，在今四川北部。羌，說文：「西戎牧羊人也。」髳（ㄇㄠˊ），覈詁謂即茅戎；在舊陝州河北縣，當山西南部濱河之地。覈詁謂微、眉通，亦即郿；在今陝西郿縣。盧，即春秋時之盧戎；在今湖北襄陽南。彭，在今四川彭縣。濮（ㄆㄨ），便讀謂在湖北荊州府。八國皆蠻夷戎狄，故與友邦分別言之。㊃稱，舉。比，附；謂附近身體。干，盾。

【譯文】 王說：「唉！我們友邦的大君們、辦事的官員們、司徒、司馬、司空、亞、旅、師氏、千夫長、百夫長，以及庸、蜀、羌、髳、微、盧、彭、濮諸國的人們。舉起你們的戈，把你們的盾附在身上，把你們的矛豎立起來，我要宣誓了。」

王曰：「古人有言曰：『牝鷄無晨。牝鷄之晨，惟家之索㊄。』今商王受，惟婦言是用㊅。昏弃厥肆祀，弗答；昏弃厥遺王父母弟，不迪㊆。乃惟四方之多罪逋逃，是崇是長㊇，是信是使，是以為大夫卿士；俾暴虐于百姓，以姦宄于商邑。

【註釋】㈤晨，謂司晨。索，蕭條。此謂牝鷄如於晨間效公鷄之鳴，則其家必衰敗。今臺灣尚有此俗。㈥受，紂名。婦，謂妲己。㈦昏，讀曰泯；昏棄，泯棄也：述聞說。肆，享祭宗廟也：見周禮大祝鄭注。答，謂報答神恩。「昏弃厥遺王父母弟不迪」，史記周本紀說為「昏棄其家國，遺其王父母弟不用。」然漢石經厥遺二字連文；是知史記之說，乃太史公解釋之語，非厥遺二字之間，本有家國二字。遺，留。王父母弟，謂紂之弟輩。紂之父為王，故云王父母；非謂祖父母也。迪，用。㈧逋（ㄅㄨ），逃。多罪逋逃，謂罪惡多而逃亡之人。崇、長，皆謂尊敬。

【譯文】王說：「古人有句話道：『母鷄沒有早晨啼叫的。若母鷄早晨啼叫起來，那麼這家必定會蕭條的。』現在商國的君王受，專門採用婦人的話。廢止了他的祭祀，不報答神的恩惠；舍棄了他先王遺留下的他的同父母兄弟，而不任用。卻只是把天下的罪惡多端的逃亡者，來推崇來尊敬，來信任來使用，讓他們作大夫和卿士；使他們暴虐民眾，在商國作亂。

今予發㈨，惟恭行天之罰。今日之事，不愆于六步、七步，乃止齊焉。夫子勖哉㈩！不愆于四伐⑪、五伐、六伐、七伐，乃止齊焉。勖哉夫子！尚桓桓，如虎、如貔、如熊、如羆，于商郊；

弗迓克奔，以役西土㈢。勖哉夫子！爾所㈢弗勖，其于爾躬有戮！」

【註釋】 ㈨發，周武王名。㈩愆，過。六步、七步，謂前進之步數。齊，謂整齊行列。勖（ㄒㄩˋ），勉。㈡一擊一刺，謂之一伐。㈢尚，希冀之詞；猶言庶幾乎。桓桓，勇武貌。貔（ㄆㄧˊ），豹屬。羆，似熊而大。迓，匡謬正俗作御，史記作禦。禦、禦通，抵制。克奔，謂敵人能奔來投降者。役，使。㈢所，猶若也；釋詞有說。

【譯文】 現在我發，只有恭敬地來推行老天（對他的）懲罰。今天的事情，也不過是前進六步、七步，就停下來整齊一下行列（意謂不至太辛勞）。你們這些人要奮勉呀！也不過是刺擊四次、五次、六次、七次，就停下來整齊一下行列。奮勉呀你們這些人！你們要發揮勇武的精神，像虎、貔、熊、羆一般，在這商都的郊外。不要抵制（意謂打擊）能奔來（投降的敵人），要使他們到我們西方去為我們服勞役。奮勉啊你們這些人！你們若不奮勉，那就要對你們本身施行殺戮！」

洪　範

洪範，大法也。書序云：「武王勝殷殺受，立武庚，以箕子歸，作洪範。」是書序以本篇作於武王時也。按：本篇「恭作肅」以下五語，顯襲詩小雅小旻「民雖靡膴，或哲或謀，或肅或乂」及「國雖靡止，或聖或否」諸語為之。而小旻之詩，蓋作於東西周之際。本篇又云：「王省惟歲，卿士惟月，師尹惟日。」師尹地位在卿士之下，與詩、書及早期金文皆不合。知此亦後人述古之作。惟本篇言五行所代表之事物，尚約而不侈；至鄒衍乃變本加厲。以此證之，可知本篇之著成，當在鄒衍之前，蓋約當戰國初年也。劉節洪範疏證以為本篇當著成於秦統一之前，戰國之末。恐未諦。

惟十有三祀，王訪於箕子㈠。王乃言曰：「嗚呼！箕子。惟天陰騭下民，相協厥居，我不知其彝倫攸敘㈡。

【註釋】㈠有，讀為又。祀，年。爾雅謂：商曰祀，周曰年。按：西周早期銅器銘文，亦或稱年曰祀；知爾雅之說非是。王，周武王。武王十一年克殷；則十有三祀，乃克殷後之二年也。㈡陰，覆蔭。騭（ㄓˋ），或作隲，定也。陰騭，猶言保護。協，和。彝，常。倫，道。攸，所。敘，定。

【譯文】（周武王）十三年，王去拜訪箕子。王於是說道：「唉！箕子。老天是保護世間民眾的，（使他們）互相和睦地住在一起，我不知道那經常的道理要怎樣制定。」

箕子乃言曰：「我聞在昔，鯀陻洪水，汨陳其五行㈢；帝乃震怒，不畀洪範九疇，彝倫攸斁㈣。鯀則殛死，禹乃嗣興，天乃錫禹洪範九疇，彝倫攸敘㈤。

【註釋】㊂鯀，禹父名。陻，堵塞。汩（ㄍㄨˇ），陳，皆亂也：尚書故說。㊃帝，上帝。震，動。畀，與。疇，類。九疇，即下文初一至次九之九類。攸，猶乃也；下攸字同。斁（ㄉㄨˋ），敗壞。㊄錫，賜。敍，就緒，猶定也。

【譯文】箕子就說道：「我聽說在以前，鯀堵塞大水，把五行擾亂了；上帝於是動了怒，不把九類的大法授給他，那經常道理於是就敗壞了。鯀就被誅責而死，禹於是繼承著起來，老天因而把九類大法賜給了禹，這經常的道理纔規定下來了。

初一、曰五行；次二、曰敬用五事㊅；次三、曰農用八政；次四、曰協用五紀㊆；次五、曰建用皇極；次六、曰乂用三德㊇；次七、曰明用稽疑；次八、曰念用庶徵；次九、曰嚮用五福；威用六極㊈。

【註釋】㊅初，始。次，第。五行，詳下文。敬，謹。按：用，猶於也；以下二用字同。㊆廣雅：「農，勉也。」協，調和。紀，謂紀歲月日等。㊇建，立；謂君權之建立。用，使用；下同。皇，君。極，法則。乂，謂治民。㊈明，謂欲明哲。稽疑，謂有疑而問之於卜筮。念，顧慮。用，於。庶，眾。徵，驗。嚮，讀為饗；養也。威，威脅；懲罰。極，謂困厄。

【譯文】第一是五行，第二是敬謹地從事五件事，第三是奮勉地施行八種政治，第四是調和於五種天象時令，第五是建立君主的法則，第六是治理民眾要用三種德行，第七是想要明哲就要用卜筮考察（決定）疑惑，第八是要顧慮老天的各種徵兆，第九是享受有五種幸福，受徵罰有六種困厄。

一、五行：一曰水，二曰火，三曰木，四曰金，五曰土。水曰潤下，火曰炎上，木曰曲直，金曰從革，土爰稼穡⑩。潤下作鹹，炎上作苦，曲直作酸，從革作辛，稼穡作甘⑪。

【註釋】⑩潤，濕。炎，焚。曲直，可使之曲，亦可使之直。從革，言其形任從人意改變。爰，與曰古通。⑪潤下，謂水。以下「炎上」、「曲直」、「從革」三事，皆仿此。作，猶則也；下同。辛，辣。甘，甜。

【譯文】第一是五行：一是水，二是火，三是木，四是金屬，五是土壤。水是往下潤濕的，火是往上焚燒的，木料是可使彎曲、可使伸直的，金屬是可任憑人意來改變形狀的，土壤是可種植、收穫五穀的。往下潤濕的東西（味道）就鹹，往上焚燒的東西（味道）就苦，可曲可直的東西（味道）就酸，形狀任憑人改變的東西（味道）就辣，種植收穫的東西（味道）就甜。

二、五事：一曰貌，二曰言，三曰視，四曰聽，五曰思。貌曰恭，言曰從⑫，視曰明，聽曰聰，思曰睿⑬。恭作肅，從作

乂，明作哲，聰作謀，睿作聖㉔。

【註釋】㉒漢書五行志注：「言正曰從。」㉓睿，通。㉔作，則；下同。肅，敬。乂，治。哲，智。謀，能謀慮。聖，明通。

【譯文】第二是五事：一是態度，二是言論，三是眼光，四是聽覺，五是思想。態度要恭敬，言論要正當，眼光要明亮，聽覺要清晰，思想要通達。態度恭敬，就能嚴肅；言論正當，就可以治理事務；能看得分明，那就明智了；能聽得清楚，那就有計謀了；思想能通達，那就聖明了。

三、八政：一曰食㉕，二曰貨㉖，三曰祀㉗，四曰司空㉘，五曰司徒㉙，六曰司寇㉚，七曰賓㉛，八曰師㉜。

【註釋】㉕食，謂管理民食之官。㉖貨，謂掌財物之官。㉗祀，謂掌祭祀之官。㉘司空，掌民土地居處之官。㉙司徒，掌教民之官。㉚司寇，掌詰盜賊之官。㉛賓，謂掌諸侯朝覲之官。㉜師，謂掌軍旅之官。

【譯文】第三是八種政事：一是主管糧食的官，二是主管財政的官，三是掌管祭祀的官，四是管理人民土地居處的司空，五是掌管教育的司徒，六是捕審盜賊的司寇，七是招待諸侯的官——賓，八是主持軍事的官——師。

四、五紀：一曰歲，二曰月，三曰日，四曰星辰，五曰歷數㉓。

【註釋】㉓星，謂二十八宿。辰，謂十二辰。二十八宿迭見，以敍節氣；十二辰以紀日月所會。歷，歷法。數，算數。

【譯文】第四是五種天象時令：一是年歲，二是（每年的）月數，三是（每月的）日數，四是星辰（的觀察），五是歷法算數（的推算）。

五、皇極：皇建其有極，斂時五福，用敷錫厥庶民㉔。惟時厥庶民于汝極，錫汝保極㉕。凡厥庶民，無有淫朋；人無有比德，惟皇作極㉖。凡厥庶民，有猷有為有守，汝則念之㉗。不協于極，不罹于咎；皇則受之㉘。而康而色，曰：『予攸好德。』汝則錫之福。時人斯其惟皇之極㉙。無虐煢獨；而畏高明㉚。人之有能有為，使羞其行，而邦其昌㉛。凡厥正人，既富方穀；汝弗能使有好于而家，時人斯其辜㉜。于其無好德，汝雖錫之福，其作汝用咎㉝。無偏無陂，遵王之義；無有作好，遵王之道；無有作惡，遵王之路㉞。無偏無黨，王道蕩蕩；無黨無偏，王道平平；無反無側，王道正直㉕。會其有極，歸其有極㉖。曰，皇極之敷言，是彝是訓，于帝其訓㉗。凡厥庶民，極之敷言，是訓是行，以近天子之光㉘。曰，天子作民父母，以為天下王。

【註釋】⑭皇建，謂君權之建立。斂，聚合。時，是。敷，施。錫，與。⑮時，是。于汝極，謂取法於君。錫，與。保，守持。⑯淫朋，猶言邪黨。人，謂官吏。論語孔注云：「阿黨為比。」德，謂行為。皇，君。作，為。⑰猷，謀。為，作為。守，操守。念，常思。⑱協，合。罹，遭逢。咎，過惡。受，寬容。⑲上而字，猶能也；釋詞有說。康，和。下而字，猶其也。色，面色。攸，語助詞。好，喜好。時人，是人。斯，猶乃；釋詞說。皇，君。之，是。極，法。⑳煢（ㄑㄩㄥˊ）獨，孤單無依之人。畏，敬畏。高明，明智之人。㉑羞，漢李尤靈台銘作脩，潛夫論思賢篇作循；脩循古通，順也。使順其行，謂不橫加阻撓。而，汝。昌，興盛。㉒大義云：「正、政同字；正人，謂在官者。」方，猶常也；義見禮記檀弓鄭注。穀，祿。好，善。而，汝。家，謂國家。時，是。辜，罪。㉓于其，如其。好，善。史記宋世家述此語無「德」字，是也：述聞有說。作，作為。尚書故云：「汝用咎，猶言汝受其咎。」㉔無，勿。有，猶或也；義見廣雅。偏，不正。陂，本作頗；唐玄宗詔改作陂，非是。頗，頭偏也。遵，循。義，法。作好，謂私心作偏好（ㄏㄠˋ）。下文作惡視此。遵，循。路，猶道也。以上六句謂民。㉕助私曰黨。蕩蕩，平坦。平平，平易。反，反覆。側，傾倒。反側，不正直也。以上六句謂君。㊱會，謂君聚會臣。歸，謂臣歸附君。有極，謂合於極。㊲曰，更端之詞。敷言，所陳述之言。彝，法。是訓之訓字。教也；謂教民。帝，上帝。其訓之訓字，順也。言順於上帝。以上三句謂君。㊳訓，順。行，實行。近，接近。光，光明。以上四句謂民。

【譯文】第五是君主的法則：君主建立君權是要有法則的。聚集五種幸福，用來普遍地施與那些民眾。於是那些民眾就效法你的法則，跟你共同保持這法則了。凡是民眾，沒有邪惡的黨派；官員們也沒有偏袒他們私黨的行為，只是以君主作為法則。凡是民眾，有計畫有作為又有操守的，你就要把他們常常放在心中。若有人不合法規，但也不至於陷入罪惡，君主就要寬容他。若有人能夠和顏悅色，並且說：『我愛好美德。』你就要賜與他幸福。這種人就會以君主為法則。不要暴虐孤苦無依的人；而要敬重畏懼明智的人。假如一個人（官員）有才能有作為，就使他順利地去行，你的國家就會強盛。凡是官員們，政府既用經常的俸祿使他們富足；你若不能使他們對你的國家有好的貢獻，這就是那些官員們的罪過了。假如他沒有好處，你縱使賜與他幸福，他的行為會使你受到罪過的。不要偏邪不正，要能遵循著王的法則；不要私心有所偏愛，要遵循著王所規定的道理。不要私心有所偏惡，要遵循著王所規定的道路。（王）不要有所偏私不要偏袒同黨，王的道路才能平坦；不要偏袒同黨不要有所偏私，王的道路才能平易；不要反覆無常不要偏斜不正，王的道路就會又正又直。天子聚集（領導）諸侯臣民要有法則，諸侯臣民歸附天子也要有法則。以上所說關於君權建立的話，是要取法的、是要用來教導民眾的；（若能這樣，）那就是順從上帝了。凡是民眾們，對於上述的話，若能服從能實行，那就可以接近天子的光明了。（民眾所以要接近天子的光明，）因為天子是人民的父母，是天下的君王。

六、三德：一曰正直，二曰剛克，三曰柔克㊴。平康正直，彊弗友剛克，燮友柔克；沈潛剛克，高明柔克㊵。惟辟作福，惟辟作威，惟辟玉食㊶。臣無有作福作威玉食；臣之有作福作威玉食，其害于而家，凶于而國。人用側頗僻，民用僭忒㊷。

【註釋】㊴正，不邪。直，不曲。剛克、柔克，謂性情過剛或過柔。㊵平，正。康，和。彊，同強。友，順。燮，和。沈潛剛克，高明柔克兩克字，義皆同剋，治也。沈潛者，性情過柔之象；高明者，性情過剛之象。㊶辟，君。作福、作威，謂有造福於人及懲罰人之權。馬融云（見史記集解）：「玉食，美食。」按：古人有食玉屑之說，見周禮天官玉府鄭司農注。此玉食，疑即食玉屑。㊷人，謂官吏。側，傾斜；頗，偏；僻，邪：皆謂不正。僭，過分。忒（ㄊㄜ），惡。

【譯文】第六是三種德性：一是不邪不曲，二是剛強過度，三是柔弱過度。平正中和就是正直，倔強而不溫和就是剛強過度，和順而不堅強就是柔弱過度；沈潛的人要用剛強來治他，高明的人要用溫柔來治他。只有君主可以有造福於人之權，只有君主有加人以刑罰之權，只有君主可以享受玉食。官員們沒有權造福於人、懲罰人、和享受玉食。官員們若有權造福於人、懲罰人、和享受玉食，那就會對你的國家有所妨害，給你的國家帶來凶災。（因為）官員要是這樣，就偏邪不正；民眾們也就不守本分而造成過錯了。

七、稽疑：擇建立卜筮人㊸，乃命卜筮。曰雨，曰霽，曰蒙，曰驛，曰克，曰貞，曰悔。凡七，卜五，占用二，衍忒㊹。立時人作卜筮㊺，三人占，則從二人之言。汝則有大疑，謀及乃心，謀及卿士，謀及庶人，謀及卜筮。汝則從、龜從、筮從、卿士從、庶民從，是之謂大同；身其康彊，子孫其逢：吉㊻。汝則從、龜從、筮從、卿士逆㊼、庶民逆：吉。卿士從、龜從、筮從、汝則逆、庶民逆：吉。庶民從、龜從、筮從、汝則逆、卿士逆：吉。汝則從、龜從、筮逆、卿士逆、庶民逆：作內，吉；作外，凶㊽。龜筮共違于人：用靜，吉；用作，凶㊾。

【註釋】㊸擇，選。建，立。以龜占吉凶，曰卜。以蓍占吉凶，曰筮。㊹雨，謂龜兆作雨形；以下四事仿此。霽，雨止雲氣在上。蒙，霧。驛，古文作圛音涕。說文：「圛者，升雲半有半無。」克，鄭玄云（見史記集解）：「如祲氣之色相犯也。」內卦曰貞。外卦曰悔。卜五，謂占龜兆用雨至克五事。占用二，謂以易占則用貞悔二事。衍，推演。忒，變化。㊺時人，是人；謂掌卜筮之人。㊻汝則有大疑之則，義猶若也；經傳釋詞有說。大同，謂意見完全一致。身，謂自身。逢，大，猶盛旺也；述聞說。㊼逆，不順從。㊽內，謂家內事。外，謂外事；即國事。㊾靜，無所動作。作，動作。

【譯文】第七是卜問疑惑：選擇而建立掌管龜卜、和易筮的官員，而使他們卜龜、占卦。（龜兆有的）像雨，有的像雨止而雲氣在上，有的像霧，有的像若有若無的浮雲，有的像互相侵犯的凶災氣色；（卦象有）內卦，有外卦。（龜兆和卦象）共七種，屬於龜卜的有五種，以易占時用兩種，（據上述各種兆象）推演而變化之。設立了這人擔任龜卜和易筮，假如三個人來判斷龜兆和卦象，要遵從兩個人的說法。你假如有重大的疑問，要自己考慮考慮，然後跟官員們商量，然後再跟民眾商討，然後再就龜卜和易筮來商討。若你贊成、龜卜贊成、占筮贊成、官員們贊成、民眾贊成，這就是意見全體一致；那麼你就會安康強健，你的子孫也一定會盛旺：這自然是吉祥的了。若你贊成、龜卜贊成、占筮贊成、而官員們反對、民眾反對：這還是吉利的。官員贊成、龜卜贊成、占筮贊成、而你反對、民眾反對：這也是吉利的。民眾贊成、龜卜贊成、占筮贊成、而你反對、官員反對：這也是吉利的。若你贊成、龜卜贊成、占筮反對、官員們反對、民眾反對：做家庭方面的事，是吉利的；若做朝廷方面的事，就不吉利。龜卜和占筮的結果都與人的意見不同：那麼無所作為，是吉利的；若有所作為，就凶險了。

八、庶徵：曰雨，曰暘，曰燠，曰寒，曰風，曰時㊿。五者來備，各以其敍，庶草蕃廡(五一)。一、極備凶(五二)；一、極無凶。曰休

徵：曰肅，時雨若；曰乂，時暘若；曰哲，時燠若；曰謀，時寒若；曰聖，時風若(53)。曰咎徵：曰狂，恆雨若；曰僭，恆暘若；曰豫，恆燠若；曰急，恆寒若；曰蒙，恆風若(54)。曰，王省惟歲，卿士惟月，師尹惟日(55)。歲月日時無易，百穀用成，乂用明，俊民用章，家用平康(56)。日月歲時既易，百穀用不成，乂用昏不明，俊民用微(57)，家用不寧。庶民惟星，星有好風，星有好雨(58)。日月之行，則有冬有夏；月之從星，則以風雨(59)。

【註釋】 (50)暘（ㄧㄤˊ），晴。燠（˙ㄩ），暖。時，合乎時。(51)五者，謂雨、暘、燠、寒、風。來備，備來。敍，次序（意謂節候）。蕃，與繁通，茂盛。廡（ㄨˇ），豐盛。(52)一，謂五者中之一。極備，過多。極無，過少。(53)休徵，政事美善之徵兆。肅、乂、哲、謀、聖，見注(四)。時雨，合時之雨；以下倣此。若，句末語助詞。下同。(54)咎徵，過惡之徵兆。狂，狂妄。恒雨，久雨；以下倣此。僭，差錯。豫，逸樂。急，嚴急。蒙，昏暗。(55)便讀云：「省，察視也。」又云：「師，眾也。尹，治事者也。」(56)易，改變常態。用，猶以也。乂，政治。俊，多才智。章，顯著。康，安。(57)微，不顯著。(58)好，讀去聲。舊說箕星好風，畢星好雨。(59)月經於箕星則多風，遇畢星則多雨。以，猶有也：覈詁說。自「曰王省惟歲」至「則以風雨」凡八十七字，與上文不相應。東坡書傳移此節於五紀「五曰歷數」之下。其說可取。

【譯文】 第八是各種徵兆：就是下雨，晴天，溫暖，寒冷，刮風，和適時。這五種（氣象一年中）全來了，而且各種氣象都照著應當發生的次序發生，那麼，一切草木就都繁盛了。每一種現象太多了，那是凶的；每一種現象太少了，也是凶的。良善的象徵：（天子若）嚴肅，那就會有及時雨；（天子若）有治國的才幹，那就會及時晴朗；（天子若）明智，那就會及時溫暖；（天子若）有計謀，那就會及時寒冷；（天子若）明達，那就會及時刮風。過惡的象徵：（天子若）狂妄，那就久雨不止；（天子若）有過錯，那就久晴不雨；（天子若）好享安樂，那就經常溫暖；（天子若）嚴酷急切，那就經常寒冷；（天子若）愚昧不明，那就經常刮風。對於君主，要就一年的情形來觀察，高級官員，就一月的情形觀察，普通官員，則就一天的情形觀察。全年全月全日和四時都沒改變常態，一切農作物就因而成熟了，政治也就修明了，傑出的人才也就顯達了，國家也就太平安寧了。全日全月全年和四時若改變了常態，則一切農作物就不能成熟，政治也就黑暗而不修明，傑出的人才也就不能顯達，國家也就不能安寧了。民眾的象徵是星兒，星有愛好風的，星有愛好雨的。日月運行起來，（固然可以）有冬季和夏季（意謂天子、卿士固然可以成就國家大事）；但月亮若遇到星兒，那也就會刮風下雨（意謂百姓雖微賤，也可以影響政府）。

九、五福：一曰壽，二曰富，三曰康寧，四曰攸好德，五曰

考終命㊅〇。六極：一曰凶短折，二曰疾，三曰憂，四曰貧，五曰惡，六曰弱㊅一。」

【註釋】㊅〇此攸好德，與皇極之「予攸好德」異義，便讀云：「攸，修也。」好讀上聲，美善也。考，老。考終命，謂老而以壽終。㊅一凶，謂橫死。短折，夭折。弱，體弱。

【譯文】第九是五種幸福：一是壽高，二是富裕，三是健康安寧，四是修養美德，五是年老而得善終。六種困厄：一是橫死而夭折，二是生病，三是憂愁，四是貧窮，五是過惡，六是身體衰弱。」

金　縢

金縢，金屬之繩也。因篇中有「以啓金縢之書」語，故以名篇。書序以本篇為周公所作；而篇中屢言「周公」，或但稱周公曰「公」：知書序之說非是。東坡書傳云：「金縢之書，緣周公而作，非周公作也。」其說良是。按：本篇文辭平易，不類西周時作品；殆春秋或戰國時人述古之作也。

既克商二年，王有疾，弗豫㊀。二公曰：「我其為王穆卜㊁。」周公曰：「未可以戚我先王㊂。」

【註釋】㊀周武王十一年克商；既克商二年，即武王十三年。王，周武王。豫，爾雅：「安也」。

自漢以來，謂天子病曰不豫。㊁二公，史記以為太公及召公。穆，敬。㊂戚，動心：尚書故引戴鈞衡說。

【譯文】已克服商國兩年後，（武）王生了病，不安康了。二公說：「我們要為君王恭敬地占卜。」周公說：「（只是占卜）不能夠感動我們的先王。」

公乃自以為功，為三壇同墠㊃。為壇於南方，北面、周公立焉；植璧秉珪㊄，乃告太王、王季、文王。

【註釋】㊃公，謂周公。功，事。築臺曰壇。墠（ㄕㄢˋ），掃地以備祭祀。三壇，太王、王季、文王各一壇。㊄號鄭玄云（見正義）：「植，古置字。」秉，持。璧、珪，皆貴重玉器，用以禮神者。

【譯文】（周）公於是把這事當作自己的任務，築起了三座臺子，把它們都打掃乾淨。另外又在南方築了一座臺子，周公面向北方站在（南方的）臺子上；安放下璧拿著珪，於是來禱告太王、王季、文王。

史乃冊祝曰㊅：「惟爾元孫某，遘厲虐疾；若爾三王，是有丕子之責于天，以旦代某之身㊆。予仁若考㊇，能多材多藝，能事鬼神；乃元孫㊈不若旦多材多藝，不能事鬼神。乃命于帝庭，敷

佑四方，用能定爾子孫于下地；四方之民，罔不祇畏⑩。嗚呼！無墜天之降寶命，我先王亦永有依歸⑪。今我即命于元龜，爾之許我⑫，我其以璧與珪，歸俟爾命；爾不許我，我乃屏⑬璧與珪。」

【註釋】 ⑥孍詁云：「史，謂內史，主作冊之事。」按：冊祝，謂作冊文以祝告於神。⑦元，長。二某字，皆應作發；發，武王名。因避諱，故代以某字。遘，遭遇。厲，危。虐，惡。⑧是，讀為寔；實也。丕，史記作負。按：負，荷也；猶言保護。⑧述聞云：「若，而也。」于省吾謂金文考與孝通，此考字應讀為孝。⑨乃元孫，汝長孫也；謂武王。⑩命于帝庭，謂武王受命於上帝。王國維謂「敷佑四方」，即盂鼎之「匍有四方」。按：即普有天下。下地，即地上；猶言人間。祇畏，敬而畏之。⑪無，勿。墜，失。寶命，謂國運。依歸，倚靠。⑫即命，就而聽命。元龜，大龜。「爾之」之「之」，猶若也。⑬屏，藏；謂不獻於神。

【譯文】 史官於是用作好的冊文禱告說：「你們的長孫某人，遭遇了又厲害又險惡的病；像你們三王，實在應有保護你們子孫的責任在天上，就用旦來代替某的身子吧。我仁厚而又孝順，又有許多才能許多技藝，能侍奉你們的神靈；你們的長孫不像旦這麼才能多技藝多，不能侍奉神靈。可是他是在上帝的庭院中接受了任命，來普遍地保有天下的，因而就能夠在人間安定你們的子孫；天下的人，對他沒有不尊敬而畏懼的。唉！（你們三位先王）不要喪失了老天降給我們的寶貴國運，我們的先王也就永遠有依靠了。現在我來聽命於大龜，你們若允許我（的請求），我就把璧與珪（兩種高貴玉器）獻給你們，然後回去等待你們的命令；你們若不允許我，那我就把璧與珪收藏起來。

乃卜三龜，一習吉㈣。啟籥見書，乃幷是吉㈤。

【註釋】㈣三王各卜以龜，故云三龜。一，一致，猶言通通地。習，重複。㈤述聞云：「書者，占兆之辭。籥者，簡屬，所以載書。……啟，謂展視之。」

【譯文】於是占卜了三隻龜，通通都是吉利的。再展開（占卜的）簡冊對照所載的占辭，也都是吉利的。

公曰：「體，王其罔害；予小子新命于三王，惟永終是圖㈥。茲攸俟，能念予一人㈦。」

【註釋】㈥體，卜兆。其，將然之詞。罔，無。新命，新受命。或謂：新，假為親；言親自受命；亦通。永終，猶永久。圖，謀。㈦攸，猶以也。念，眷顧。予一人，周公自謂也。尚書二十八篇中，言予一人、予沖子、予小臣……者，凡三十七例，予字皆用於同位，無一例外。知此處之予一人，亦謂周公，非謂武王也。周法高明保予沖子辨有說。

【譯文】公說：「從龜兆來看，王將不會有什麼災害；我這年輕人剛剛向三位先王接受了命令，先王也是往永久處去計畫的，現在我們就在這裡等著吧，先王能體念我個人的。」

公歸，乃納冊于金縢之匱中。王翼日乃瘳㊅。

【註釋】㊅冊，即前文冊祝之冊。匱，櫃。金縢之匱，用金屬繩束紮於外之櫃。翼，與翌通。瘳，病癒。

【譯文】周公回來，就把禱告三王的冊子放進金屬繩子所捆紮的櫃子裡。第二天王的病就好了。

武王既喪㊈，管叔及其羣弟乃流言於國，曰：「公將不利於孺子㊉。」周公乃告二公曰：「我之弗辟㊀，我無以告我先王。」

【註釋】㊈喪，亡。史記封禪書謂武王克商後二年而崩，鄭玄謂武王崩於克殷後四年（見詩豳譜正義），逸周書明堂篇謂武王崩於克殷後六年，管子七臣七主篇謂武王崩於克殷後七年，諸說未詳孰是。㊉管叔，名鮮，文王第三子。羣弟，謂蔡叔、霍叔。三叔皆封於殷故城而監殷民。流，散布。孺子，稚子；謂成王。㊀之，猶若。辟，與避通；謂避走不復攝政。

【譯文】武王既已死去，管叔和他的幾個弟弟就在國內散布謠言，說：「（周）公將要對小孩子（成王）不利了。」周公於是告訴二公說：「我若不迴避攝政的任務，我就無法報告我們的先王。」

周公居東二年，則罪人斯得㉒。于後，公乃為詩以貽王，名之曰鴟鴞；王亦未敢誚公㉓。

【註釋】㉒史記謂居東二年，即伐武庚及誅管叔放蔡叔之事。茲從其說。罪人，謂管蔡武庚等。㉓王，謂成王。鴟鴞之詩，見詩豳風。誚，責讓。

【譯文】周公在東方居住了兩年，於是，罪人就得到了。以後，公就作了一首詩送給王，這首詩的名稱叫做鴟鴞；王也沒敢譴責周公。

秋，大熟，未穫，天大雷電以風㉔，禾盡偃，大木斯拔㉕；邦人大恐。王與大夫盡弁，以啟金縢之書㉖，乃得周公所自以為功、代武王之說。二公及王，乃問諸史與百執事㉗。對曰：「信㉘。噫！公命，我勿敢言。」王執書以泣，曰：「其勿穆卜㉙。昔公勤勞王家，惟予沖人㉚弗及知；今天動威，以彰㉛周公之德；惟朕小子其新逆，我國家禮亦宜之㉜。」

【註釋】㉔秋，鄭玄云：「周公出二年之後明年秋也。」熟，穀物成熟。雷電，今文本作雷雨；是。述聞有說。以，猶及也。㉕偃，仆倒。拔，連根拔出。㉖弁，朝服。啟，開。㉗百執事，謂諸史以外之各官吏。㉖信，實在。㉗穆，敬。㉘沖人，幼年人。㉙彰，顯著；表揚。㉚新，馬融本作親（見釋文）；是。逆，迎。

【譯文】（這年）秋天，五穀全都成熟，但還沒收穫，天降下了大雷大雨並且刮著大風，所有的穀物都仆倒了，大樹都被連根拔出來；國人都驚慌得很。王於是和高級官員們都穿上了朝服，來打開用金屬繩子捆著的禱告書，於是得到了周公自願負責、代替武王死的說法。二公和王就問眾史官及所有辦事的官員。他們回答說：「真的。唉！公命令我們，我們不敢說。」王拿著書流淚，說道：「不需要再去敬謹地占卜了。當年公為我們國家勤勞，只有我這年輕人沒能夠知道；現在老天發威來表揚周公的美德；（因此）我這年輕人要親自去迎接他，照我們國家的禮制說，這也是應該的。」

王出郊，天乃雨㉛。反風，禾則盡起。二公命邦人，凡大木所偃，盡起而築之㉜，歲則大熟。

【註釋】㉛雨，當作霽：述聞有說。㉜起，謂扶起。築，謂於樹根築土使固。

【譯文】王走出了郊外，天就晴起來了。（而且）刮起了回頭風，穀物就都豎立起來。二公吩咐國民，凡是仆倒的大樹，通通把它們扶起來、並用土擣得堅固，於是年成就大大豐盛了。

大誥

誥，告也。大誥，普遍告知天下之人也。書序云：「武王崩，三監及淮夷叛；周公相成王將黜殷，作大誥。」史記魯世家之說略同。按：本篇是否周公所作，雖不能定；然文辭古奧，與西周金文相似。其為西周初年作品，則無可疑。

王若曰：「猷，大誥爾多邦，越爾御事㊀。弗弔，天降割于我家，不少延㊁。洪惟我幼沖人，嗣無疆大歷服㊂。弗造哲，迪民康，矧曰其有能格、知天命㊃？已，予惟小子，若涉淵水，予惟往求朕攸濟㊄。敷賁，敷前人受命，茲不忘大功，予不敢閉于天降威用㊅。

【註釋】㊀王，謂成王。若曰，如此說；已見盤庚。蔡傳：「猷，發語辭也。」多邦，謂各諸侯之國。越，與也：義見廣雅。御事，執事之人；此指周之官吏。㊁弗弔，猶言不幸；王國維有說。割，馬融本作害（見釋文）；禍害也。指武王之喪言。少，稍。延，緩。㊂洪惟，發語詞；與毛公鼎之弘唯同。嗣，繼承。無疆，猶言無邊；謂大也。歷，歷數。服，職事。大歷服，謂王位。㊃造，成為。哲，明智。便讀云：「迪，導也。」矧，況。格，使神降臨。㊄便讀：「已，噫也。」淵，深水。濟，渡過。㊅王莽大誥襲此文，以「奔走」二字譯「賁」字。段玉裁據莽誥，疑「敷賁」之敷為衍文。其說可取。敷，施行。玆，如此。忘，讀為亡；失掉。大功，謂前人開國之功。閉，拒絕。便讀云：「威用，猶作威也。」

【釋文】王如此說：「啊，我普遍地來告訴你們這許多諸侯之國，以及你們眾官員們。不幸得很，老天降下了災禍在我家中，不稍為遲緩一點。於是我這個年輕人，就繼承著無限重大的君主任務。我不夠明智，（因而）不能領導民眾走上安康之途，何況是說我又能感動天神降臨，因而知道天命呢？唉，我這年輕人，就好像去渡過深水一樣，我只是去尋求我所以能渡過的辦法。我奔走著（勤勉地）施行先人所接受的時代使命，這樣，才不至喪失了偉大的功業，我不敢拒絕老天降給我們的懲罰的權力。

寧王遺我大寶龜，紹天明㊆；即命，曰：『有大艱于西土，西土人亦不靜，越玆蠢㊇。』殷小腆，誕敢紀其敍㊈。天降威，知我國有疵，民不康。曰：『予復。』反鄙我周邦⑩。

【註釋】㊆吳大澂（字說）及方濬益（綴遺齋彝器考釋）皆謂金文之「文」字與寧字形近；此「寧」字乃「文」字之訛。寧王，即文王；下文寧武，即文武。尚書故云：「紹為卲之借字。說文：『卲，卜問也。』」大義云：「天明，天命也。」按：據易賁卦釋文，明與命通。㊇即命，就而聽命也。曰，謂占辭所云。艱，災難。西土，謂周。亦，語詞；無承上之義。靜，安靜。越，於。玆，謂此時。蠢，動。以上占辭。㊈尚書故云：「王肅云：『腆，主也。』」殷小主，謂祿父（武庚）。」誕，發語詞。便讀云：「紀，猶理也。敍，緒也。」其緒，謂殷之王業。⑩天降威，謂武王之喪。疵，病。康，安。復，意謂復國。王先謙尚書孔傳參正（以下簡稱參正）以為鄙之義當為圖。按：金文鄙圖同字，均但作啚。此鄙當讀為圖；謀也。

【譯文】文王遺留給我一隻大而寶貴的龜，（我就用來）卜問老天（給我們）的命運；我到龜面前來接受命令，龜卜（告訴我）說：『西方（周國）有一場大災難，西方的人民不得安靜，就在現今已經發動起來了。』殷國的那小主人（武庚），居然敢整理他的王業。因老天對我們降下懲罰來（武王死去），他（武庚）知道我們國家正有毛病（苦難），人民都不安定。就說：『我們要復國。』反而圖謀我們周國。

今蠢，今翼日，民獻有十夫，予翼，以于敉寧武圖功⑪。我有大事、休，朕卜幷吉⑫。肆予告我友邦君，越尹氏、庶士、御事，曰：『予得吉卜，予惟以爾庶邦，于伐殷逋播臣⑬。』

【註釋】⑪今翼日之今，義同即。翼，與翌通。按：民，當作人；謂官吏。獻，賢；此謂賢者。十夫，十人。予翼，輔佐予。于，往。敉（ㄇㄧˇ），撫定。寧武，文王武王。圖功，圖謀之事業；指伐殷而言。⑫大事，謂戰事。休，讀為庥；吉祥。幷吉，皆吉。⑬肆，故。越，與。王國維謂百官之長皆曰尹，惟內史尹、作冊尹稱尹氏。庶士，眾士；疑指眾武官。于，往。逋（ㄅㄨ），逃亡。播，散。逋播臣，謂犯罪之臣。

【譯文】　現在他們已經動亂起來了，就在（這消息傳來的）第二天，賢良的官員們共有十人，來輔助我，要去奠定文王武王當年所圖謀的事業。現在我有了這件大事（戰爭），這大事是吉祥的，我占卜的結果通通都是吉利的。所以我來告訴我友好的國君們、以及尹士、眾武官、和一般的官員們，說：『我現在得到了吉利的卜兆，我只有和你們眾國，去討伐殷國的犯罪之臣。』

爾庶邦君，越庶士、御事，罔不反曰：『艱大，民不靜，亦惟在王宮、邦君室㈣。越予小子，考翼，不可征；王害不違卜㈤？』

【註釋】　㈣反曰，對曰。亦，義猶而且。管、蔡皆王室之人，武庚為邦君，故云在王宮邦君室。㈤釋詞云：「越，猶惟也。」予小子，邦君庶士等自謂。于省吾謂金文考、孝通用。便讀云：「翼，敬也。」害、曷古通；何也。違，背；不聽從。

【譯文】　你們眾國君，及眾武官、眾官員們，沒有一個不對我說：『這事太艱鉅了，會使人民都不得安靜，而且這些作亂的人，有的與王室有關，有的是諸侯。我們這些年輕人，應該孝敬，不可去征伐他們；王何不違背龜卜？』

肆予沖人，永思艱。曰，嗚呼！允蠢鰥寡，哀哉㈥！予造天

役，遺大投艱于朕身；越予沖人，不卬自恤（一七）。義爾邦君，越爾多士——尹氏、御事，綏予曰（一八）：『無毖于恤，不可不成乃寧考圖功（一九）。』

【註釋】（一六）予沖人，成王自稱。釋詞：「允，猶用也。」蠢，擾動。（一七）造，遭。役，使。投，擲。卬（ㄤˊ），我。恤，憐憫。（一八）義，宜；貫下文綏字讀，言爾邦君等宜如此綏予。綏，告也：尚書故說。（一九）無，勿。毖（ㄅㄧˋ），廣韻：「告也。」毖恤，猶言告勞。寧考，即文考。文考，乃金文中習見之語，謂亡父也；此指武王言。

【譯文】我這年輕人，很長久地考慮著這艱難的任務。說，唉！（這叛亂）用以騷擾了孤苦無依的人，可憐啊！我受到老天的指使，把重大的責任和艱鉅的事情投擲在我身上；我這年輕人，就也不能自我憐憫了。你們國君，及你們眾官員們——尹士、一般官員，都應該勸告我說：『不要訴苦呀，不可不成就你亡父所經營的事業。』

已，予惟小子，不敢替上帝命（二〇）。天休于寧王，興我小邦周；寧王惟卜用，克綏受茲命（二一）。今天其相民，矧亦惟卜用（二二）。嗚呼！天明畏，弼我丕丕基（二三）。」

【註釋】⑳已，噫。替，廢。㉑休，讀為庥；此作動詞用，猶言造福。寧王，文王；下同。綏，安。㉒相，助。矧，語詞無義。㉓明，謂顯揚善人。畏，讀為威，謂懲罰惡人。弼，輔助。丕，大。基，業。

【譯文】唉！我啊這年輕人，我不敢廢棄上帝的命令。老天造福於文王，振興了我們小小的周國；當年文王都是遵從著占卜去做事，所以才能安然接受了這國運。現在老天是要幫助民眾的，因而我們也要遵從著占卜行事。唉！老天是顯揚善人懲罰惡人的，它將會輔助我們這偉大的王業。」

王曰：「爾惟舊人，爾丕克遠省，爾知寧王若勤哉㉔！天閟毖我成功所，予不敢不極卒寧王圖事㉕。肆予大化誘我友邦君；天棐忱辭，其考我民，予曷其不于前寧人圖功攸終㉖？天亦惟用勤毖我民，若有疾；予曷敢不于前寧人攸受休畢㉗？」

【註釋】㉔舊人，意謂老臣。丕，語詞。省，記憶。若，如此。勤，勤勞。㉕閟（ㄅㄧˋ），祕也：尚書故說。毖，告。便讀云：「所，詞也。」按：召誥「王敬作所」，君奭「多歷年所」，所字皆句末語助詞，與此同。極、與亟通，急也：述聞說。卒，終。圖事，所圖謀之事。㉖肆，故。化誘，猶言教導。棐（ㄈㄟˇ），匪之假。忱，信。辭，與斯通，語詞。此句意謂天命無常，不可專信天命而忽略人事：本駢枝說。考，察。前寧人，即前文人；謂亡故之祖先。攸，以。終，謂完成。㉗勤，愛惜；義見詩鴟鴞正義引王肅說。毖，慰勞。休，福祥；謂王業。畢，完成。

【譯文】 王說：「你們這些人都是老官員，因此你們能夠記得遠年的往事，你們知道文王當年是這麼勤勞啊！老天祕密地告訴我們成功，我就不敢不急切地完成當年文王所圖謀的事業。所以我殷切地來教導我的友好國家的君主們；老天是不可信賴的，它將要考驗我們人民，我怎麼能不將祖先所經營的事業完成呢？老天是愛惜、慰勞我們民眾的，就像民眾生了病一樣（因人們對病人最同情）；我怎麼敢不將祖先們所接受的福祥（國運）完成呢？

王曰：「若昔，朕其逝㉘。朕言艱日思㉙。若考作室，既厎法，厥子乃弗肯堂，矧肯構㉚？厥父菑，厥子乃弗肯播，矧肯穫㉛？厥考翼其肯曰：『予有後，弗弃基㉜？』肆予曷敢不越卬敉寧王大命？若兄考，乃有友伐厥子，民養其勸弗救㉝？」

【註釋】 ㉘若昔，言如昔日伐紂之事。逝，往；謂往伐武庚。㉙言，語詞。艱日思，謂日思此艱難之事。㉚考，父。厎，定。築土為房基曰堂。矧，況。架木為房頂曰構。㉛菑（ㄗ），新墾一歲之田。播，播種。穫，收割。㉜翼，衍文；述聞有說。弃，古棄字。基，基業。㉝越，于。卬，我。敉，撫定。大命，謂國運。于省吾謂：無逸中兩皇字，漢石經皆作兄；是皇與兄通。兄考，即皇考也。友，漢書作效；覈詁疑本當作爻，故漢書讀為效，而今本訛為友。爻，交互也。伐，擊。民，讀為敃，勉也。養，長。勸，鼓勵。

【譯文】王說：「像往年一樣，我將要去（討伐武庚）了。我對這艱難的任務天天在考慮著。好像父親要造一所房子，既已定下法則，可是他的兒子卻不肯把房屋的地基打起來，何況是肯架起屋頂呢？父親把田地開墾了一年，他的兒子竟然不肯播種，何況是肯收穫呢？這樣，父親難道肯說：『我有後人了，不會廢棄我的家業了？』所以我怎麼敢不在我這時來安定當年文王所受的國運？好像是一個偉大的父親，若有人來打擊他的兒子，難道他會勸勉那人、助長那人、鼓勵那人（打擊他的兒子）而不來救護嗎？」

王曰：「嗚呼！肆哉爾庶邦君，越爾御事。爽邦由哲，亦惟十人，迪知上帝命㉞。越天棐忱，爾時罔敢易法，矧今天降戾于周邦㉟？惟大艱人，誕鄰胥伐于厥室；爾亦不知天命不易㊱。予永念曰，天惟喪殷；若穡夫，予曷敢不終朕畝㊲？天亦惟休于前寧人，予曷其極卜？敢弗于從、率寧人有指疆土㊳？矧今卜幷吉？肆朕誕以爾東征；天命不僭，卜陳惟若茲㊴。」

【註釋】㉞肆，爾雅：「力也。」謂用力。便讀：「爽，明也。」哲，謂明哲之人。十人，即前文之十夫。迪，語詞。㉟越、粵通；語詞。時，謂平時。易，輕慢：覈詁說。戾，拂逆：便讀說。㊱大艱人，謂管叔蔡叔。誕，讀為延。隣，謂武庚。胥，相。厥室，謂王室。以上略本覈詁說。不知之「不」，讀為丕，語詞。不易，不容易。㊲永，深長。穡夫，農夫。終，謂終竟農事。㊳休，與注㉓之休同義。極，讀為亟，屢也。率，遵循。寧人，謂前文人。指，漢書王莽傳作旨。按旨與只通；是也（義見詩南山有台鄭箋）。㊴肆，故。誕，語詞。僭，差。陳，示也；義見國語齊語韋註。

【譯文】　王說：「啊！要努力呀你們眾國君，及你們眾官員們。國家的光明由於明智的人所造成，也只有你們十個人，能瞭解上帝（所給的）命運。老天是不可信賴的，你們在平時尚且不敢輕慢國家的法令，何況現在老天降下不順利的事情在我們周國呢？那造成大災難的人，請求隣人來攻擊他自己的家室；（在這種情形之下），你們知道天命（國運）是不容易的。我長久地考慮著：老天是要滅亡殷朝的；好像農夫一樣，我怎麼敢不完成我這塊田地的工作呢？老天是造福給我們祖先的，我怎麼還要屢次占卜呢？怎麼敢不遵從（原來那吉兆），而依照祖先（的遺規）來保有這領土？何況我所占卜的都是吉兆呢？所以我要和你們同去東征；老天的命令是不會有差錯的，卜兆所表現的就是這樣。

康誥

定公四年左傳，謂成王分康叔以殷民七族，「命以康誥，而封於殷虛。」書序、史記皆本其說，以為本篇乃武庚之亂平後，成王封康叔於衛之誥也。按：史記衛世家索隱引宋忠云：「康叔從康徙封衛。」是知康乃國名。康叔始封於此，故有康叔、康侯之稱。鄭玄謂康為謚號（見正義），實不然也。本篇既名康誥，時王又稱康叔為弟；故知此乃康叔封於康時，武王誥之之辭。今河南省禹城縣西北，有康城縣故址；或以為即康叔所封之康地，未詳是否。

惟三月，哉生魄，周公初基作新大邑于東國洛；四方民大和會，侯甸男邦采衛，百工播民，和見士于周㊀。周公咸勤，乃洪大誥治㊁。

【註釋】㊀按：本篇篇首四十八字，自宋蘇軾以來，多以為非本篇之文；然未詳為何篇之錯簡。故此三月，亦未詳屬於何年。哉，始。魄，金文通霸。說文：「霸，月始生霸然也。」王國維以每月二、三日至五、六日為哉生霸。便讀云：「基，謀也。」洛，當作雒；謂洛（雒）水附近。和，合。會，聚集。侯、甸、男邦、采、衛，乃五種不同之侯國；與禹貢所謂五服、及孟子所謂五等爵者不同。蓋此時尚無五服之說及五等爵之制也。百工，百官。播，義同大誥逋播臣之播；播民，謂殷民。和，合。見，猶效也；致力也。士，義與事同。周，謂周人。㊁咸，皆。勤，慰勞。尚書故云：「洪，讀為降。」治，讀為辭，語詞：覈詁說。

【譯文】　這年的三月，剛出現一鉤新月的那天，周公開始計畫著在東方的洛水附近建設一個宏大的新城市；四方的百姓們都盛大地集合到這裡來了，有侯、甸、男邦、采、衛眾諸侯所帶領的人，還有周的官員以及有罪的人（殷民），都盡力為周人來工作。周公通通慰勞了他們，於是宣布了一篇普告天下的文辭。

王若曰：「孟侯，朕其弟，小子封㊂。惟乃丕顯考文王，克明德慎罰，不敢侮鰥寡，庸庸，祗祗、威威、顯民。用肇造我區夏；越我一二邦，以修我西土㊃。惟時怙，冒聞于上帝，帝休。天乃大命文王，殪戎殷，誕受厥命。越厥邦厥民，惟時敘㊄。乃寡兄勖，肆汝小子封，在茲東土㊅。」

【註釋】㊂王，武王。孟侯，意謂諸侯之尊者。其，猶之也；釋詞有說。封，康叔名。㊃乃，汝。丕，語詞。顯，昭著。考，父。明德，謂施惠於人能公明。庸庸，勞也。祗祗，敬謹。威威，讀為畏威；謂畏天威。顯民，謂使民光顯。肇，始開。肇造，猶言創造。居處之地曰區，西方曰夏。我區夏，謂周也。越，與。一二邦，指西土之諸侯。修，治。㊄時，是。于省吾讀怙為故；謂冒聞為上聞：今從之。休，喜。殪（一），殺。戎，爾雅釋詁：「大也。」西周初年猶稱殷曰大商，曰大邦殷。戎殷，猶言大商也。誕，語詞。受厥命，謂受天命稱王。越，爰；於是。厥邦厥民，謂殷邦殷民。時，是。敘，定。以上所云，乃武王以克殷之功歸於文王。㊅按：寡，猶寡人之寡；寡兄，謙辭。勖，勉；謂黽勉從事。肆，陳；置。東土，指康叔地。

【譯文】　王如此說：「諸侯的領袖，我的弟弟，年輕的封呀。你那顯赫的先父文王，能夠公明地施人恩惠，謹慎地執行懲罰，不敢欺侮孤苦無依的人，他勤勞，敬謹，畏懼老天的威嚴，使百姓都能到達光明的境界。因而創造了我們周國；和我們一兩個（少數的）西方諸侯之國，來治理我們西方這一帶地方。因為這個緣故，（這情形）往天上傳播，被上帝聽到，上帝非常高興。老天於是發布了一個偉大的命令給文王，使他消滅了大的殷國，而接受了作帝王的使命。於是那個國家（殷）的那些百姓們就都安定了。你這不孚眾望的哥哥在努力奮勉著，而安置你青年封，在這東方的國家。」

王曰：「嗚呼！封。汝念哉！今民將在祗遹乃文考，紹聞衣德言，往敷求于殷先哲王，用保乂民㊆。汝丕遠惟商耇成人，宅心知訓。別求聞由古先哲王，用康保民，弘于天若㊇。德裕乃身，不廢在王命㊈。」

【註釋】　㊆念，考慮。民，當讀為敃；勉也。祗，敬。遹，述。乃文考，謂文王。覈詁云：「紹、昭古通用。」按：衣當讀為殷。敷，普。求于殷先哲王，意謂求其政教。用，以。乂，養。㊇丕，語詞。惟，思。耇（ㄍㄡˇ），老。耇成人，年高望重者。此亦謂思其典則。宅，讀為度。訓，道。別，與辯通；徧也：述聞說。由，於。康，安。「弘于天若」，荀子富國篇所引此語，「弘」下有「覆」字；是。若，語詞。覆，被（護衛）。㊈裕，富饒。乃，汝。廢，廢黜。不廢在王命，意謂能保持其諸侯之位。

【譯文】 王說：「唉！封。你要考慮呀！現在所要勉勵的在於恭敬地追述（繼承）你的先父，明審地聽取殷代有德行者的言論，去普徧地尋求殷代已故的明智帝王（的政教），來保養百姓們。要往遠年去思索商代老成人（的風範），然後度量於心纔能了解道理。你要普徧地探求古代明智帝王（的遺規），來安定保護百姓們，纔能大大地被老天所保祐。能夠把美德充滿在你身中，那你才能不被王命所罷免。」

王曰：「嗚呼！小子封。恫瘝乃身，敬哉⑳！天畏棐忱，民情大可見。小人難保；往盡乃心，無康好逸豫，乃其乂民㉑。我聞曰：『怨不在大，亦不在小；惠不惠，懋不懋㉒。』已，汝惟小子，乃服惟弘王，應保殷民；亦惟助王宅天命，作新民㉓。」

【註釋】 ⑳恫（ㄉㄨㄥˋ），痛。瘝（ㄍㄨㄢ），病。敬，謹。㉑畏，讀為威，懲罰。天威，指滅紂言。棐忱，見前。大可見，謂甚易見。小人，民眾。尚書故云：「康，長也。」逸，安。豫，樂。乂，治。㉒怨不在大二句，意謂無論怨大怨小，皆可生禍，故宜謹慎以免怨。惠，順。懋，勉。㉓已，噫。乃，汝。服，職事。按：弘，讀為紘；維護。應保，與膺保同，猶容保也：述聞說。宅，度。作，作成之。

【譯文】　王說：「唉！年輕的封呀。（作諸侯如同）病痛在你身上一般，你要謹慎呀！老天（對殷）的懲罰是不可信賴的（意謂周人還要自己努力），百姓的心情很容易看出。百姓們是不容易保護的；要去竭盡心思，不要長久地愛好安樂，才能治理百姓。我聽說：『怨恨不在乎大，也不在乎小；要順從所不願意順從的意見，要勉力去作所不願意勉力的事情。』唉！你這青年人呀，你的職責是維護王朝、接受而保護殷國人民的；也就是協助天子來度量老天的使命，使（殷國人民）成為新的民眾（意謂革除舊時的惡習）。」

王曰：「嗚呼！封。敬明乃罰㈣。人有小罪非眚，乃惟終，自作不典；式爾，有厥罪小，乃不可不殺㈤。乃有大罪非終，乃惟眚災適爾，既道極厥辜，時乃不可殺㈥。」

【註釋】㈣敬，謹。明，公明。乃，汝。罰，刑罰。㈤眚，過失。終，謂終其過而不肯改。典，法。式，語詞。爾，如此。㈥非終，謂能改過。眚災，因過誤而致災害（罪過）。適，偶然。道，讀為迪；用也。極，讀為殛，誅責也：于省吾說。辜，罪。時，是。

【譯文】　王說：「唉！封。要謹慎地使你的刑罰公明。如果有人犯了小罪而不是無心的過失，且永遠怙惡不改；那是他自己（有意）去作不法的事；像這樣的，他的罪惡雖小，也不可不殺他。如果有人犯了大罪而不是永遠怙惡不改，而且是因無心的過失偶然遭到罪過，既已懲罰了他的罪過，像這種人就不可殺死他。」

王曰：「嗚呼！封。有敘時，乃大明服，惟民其勑懋和(一七)。若有疾，惟民其畢弃咎。若保赤子，惟民其康乂(一八)。非汝封刑人殺人，無或刑人殺人；非汝封又曰劓刵人，無或劓刵人(一九)。」

【註釋】(一七)覈詁：「有，猶能也。」敘，順。時，是。明服，謂刑罰明而民眾服。勑，勉力。懋，美。懋和，意謂無怨怒叛亂之事。(一八)若有疾，意謂愛民周至。其，猶乃也：釋詞有說。畢，盡。弃，棄。爾雅：「咎，病也。」此謂疾苦。赤子，嬰兒。康，安。乂，治；平安。(一九)刑人殺人，意謂擅自刑殺。劓（ㄧˋ），割鼻之刑。刵（ㄦˋ），割耳之刑。

【譯文】王說：「唉！封。你如能照著這樣去作，才能使刑罰公明，人們才能佩服，那麼，民眾才能奮勉地走向美好和平的境界。（你對待百姓）好像他們有疾病一般，那麼百姓就都會擺脫痛苦了。（你對待百姓）好像保護嬰孩一般，那麼百姓就都能康樂平安了。不是你封可以擅自懲罰人屠殺人，你可不要任意去懲罰人屠殺人；也不是你封可以擅自對人執行割鼻割耳的刑罰，你也不要任意使用割鼻割耳的刑罰。」

王曰：「外事，汝陳時臬司，師茲殷罰有倫(二〇)。」又曰：「要囚，服念五六日，至于旬時，丕蔽要囚㉑。」王曰：「汝陳時臬事，罰蔽殷彝，用其義刑義殺，勿庸以次汝封㉒。乃汝盡遜，曰時敘；惟曰未有遜事㉓。已，汝惟小子，未其有若汝封之心；朕心朕德惟乃知㉔。凡民自得罪，寇攘姦宄，殺越人于貨，暋不畏死：罔弗憝㉕。」

【註釋】 ⑳外事，聽獄之事：江聲說。陳，宣示。時，是。臬，法。王國維謂古司與事通。臬司即臬事。臬事，法律也。師，取法。殷罰，殷人之刑罰。有倫，謂合理者。㉑要、幽古音近；要囚，即幽囚：王國維說。幽囚，囚繫也。服，思。旬，十日。丕，語詞。蔽，判斷。㉒彝，法。義，善；合理。庸，用。次，荀子宥坐篇引作即；就也。㉓遜，順。曰，與聿通；語詞。時，是。敘，就緒；安定。㉔已，噫。德，行為。乃，汝。㉕自得罪，自己有意犯罪。越，隕；倒。尚書故云：「于，取也。」貨，財貨。暋（ㄇㄧㄣˇ），勉。憝（ㄉㄨㄟˋ），孟子引作譈，殺也；義見孟子趙註。

【譯文】 王說：「對於判斷案子的事，你宣布法律，要效法這殷人合理的刑罰。」又說：「要監禁罪犯，必須考慮五六天，甚至十天的時間，然後纔判定應否監禁。」王說：「你宣布法律，判斷案子時應依據殷的法律，採用他所定的合理的刑罰和所定的合理的死刑，不要只就你封自己（的私見判決罪犯）。如果百姓們都服從你了，那麼這就算是安定了；可是你還要說百姓們並沒服從你。啊，你這青年人，沒有一個人能有像你封這樣的心腸；我的心情我的行為只有你了解。凡是民眾們自動犯罪，搶劫偷竊或作亂，殺倒人而奪取他們的財貨，盡力地為非作歹而不怕死：（對於這種盜賊）沒有不該把他殺死的。」

王曰：「封。元惡大憝，矧惟不孝不友㉖。子弗祇服厥父事，大傷厥考心；于父不能字厥子，乃疾厥子㉗。于弟弗念天顯，乃弗克恭厥兄；兄亦不念鞠子哀，大不友于弟㉘。惟弔茲，不于我政人得罪；天惟與我民彝大泯亂；曰，乃其速由文王作罰，刑茲無赦㉙。

【註釋】㉖元，大。憝，大惡。釋詞：「矧，猶亦也。」友，愛兄弟。㉗祇，敬。服，治理。考，父。字，愛。疾，惡。㉘天顯，古成語；猶言天道、天理。恭，敬。鞠子，稚子。哀，可憐。㉙弔，至。茲，此。政，與正通。政人，即正人；官吏也。彝，法。泯亂，混亂；述聞有說。由，廣雅：「用也。」文王作罰，文王所定之刑罰。茲，指不孝不友之人言。赦，恕罪。

【譯文】王說：「封。大的罪惡，就是不孝順不友愛。兒子不能恭敬地治理他父親的事，因而大大地使他父親傷心；作父親的不能愛護他的兒子，反而厭惡他的兒子。作弟弟的不顧天理，而不能尊敬他的哥哥；作哥哥的也不顧小孩子的可憐，而對弟弟極不友愛。到了這地步，雖然他們對於我們官員們（謂官府）不曾得罪；然而老天給與我們民眾的法則就大大地混亂了。那麼你就趕快用文王所定的刑罰，懲罰這種人而不要赦免他們。

不率大戛，矧惟外庶子訓人、惟厥正人、越小臣、諸節，乃別播敷，造民大譽，弗念弗庸，瘝厥君；時乃引惡，惟朕憝㊁。已，汝乃其速由茲義率殺㊂。

【註釋】㊁率，循。蔡傳：「戛，法也。」矧，亦。庶子，掌教公卿子弟之官。外，謂非內臣。覈詁云：「訓人，亦謂掌教之官。」釋詞：「惟，猶與也。」正人，官長。越，與。小臣，即內小臣。諸節，諸持符節之使臣。別，另外。播敷，謂宣布政令。念，謂顧念政事。爾雅：「庸，勞也。」瘝厥君，言使其君病痛。時，是。引，長；猶大也。憝，惡人。㊂率，讀如律，法也。義率，善刑法也。本覈詁說。

【譯文】不遵循國家的大法，外面政府的教育界官員、庶子、訓人、和各官長、和卑微的侍臣、眾外交使節，這些官員們竟另外宣布政令，為自己在民眾中造成偉大的榮譽，也不為政府著想，也不肯勤勞，以至使他們的君主痛苦；這才是一種大罪惡，這種人才是我的大罪人。唉，你就要趕快去用適當的刑法殺掉他們。

亦惟君惟長，不能厥家人、越厥小臣外正，惟威惟虐，大放王命：乃非德用乂㉒。

【註釋】㉒君、長，謂諸侯。能，善；謂善於化導。越，與。小臣，內小臣。外正，外官。放，逆。德，惠。乂，治。非德用乂，意謂當征討之；便讀說。

【譯文】再說諸國的君長們，他們不能好好地教導他們的家人，和他們的親近小臣們，以及地方的官員們，而專門去威脅、暴虐民眾，大大地違背了王的命令：（像這種人）不是用恩惠可以治理的。

汝亦罔不克敬典，乃由裕民；惟文王之敬忌，乃裕民㉓。曰：『我惟有及。』則予一人以懌㉔。」

【註釋】㉓敬，謹。典，法。由，用以。裕，道也（見方言）；即率導。之，是。敬忌，古成語，猶敬畏也：覈詁說。㉔及，猶汲汲也；義見隱公元年公羊傳：尚書故說。懌，悅。

【譯文】你也不要不能夠謹慎於法規，才能用以領導百姓；你要能尊敬畏懼文王（意即效法文王），才能領導民眾。你要說：『我只有汲汲地工作。』那麼，我個人就高興了。」

王曰：「封！爽惟民，迪吉康㉕。我時其惟殷先哲王德，用康乂民作求㊱。矧今民罔迪不適，不迪則罔政在厥邦㊲。」

【註釋】㉟爽惟，發語詞；釋詞有說。迪，導。吉，善。康，安。㊱時其，是以：尚書故有說。惟，思。求，與逑及仇通，匹也。作求，猶作匹、作配、作對：王國維說。按：作求，猶言媲美。㊲矧，語詞。迪，導。適，從。罔政，謂無善政。

【譯文】王說：「封！對於百姓們，要領導著他們到達善良安康的境界。我們所以要思索殷代已故的明哲君王的品德，來安定百姓，以與（殷先哲王們）媲美。現在百姓們若不加以領導，他們就無所適從；若不領導他們，在你的國中就沒有良善的政治了。」

王曰：「封！予惟不可不監，告汝德之說，于罰之行㊳。今惟民不靜，未戾厥心，迪屢未同。爽惟天其罰殛我，我其不怨㊴。惟厥罪無在大，亦無在多，矧曰其尚顯聞于天㊵。」

【註釋】㊳不監，猶言不察。德，惠。于，猶與也：釋詞有說。罰，刑罰。行，道也：述聞說。㊴今惟之「惟」，猶假令也；尚書故有說。戾，定。迪，導。同，和。殛，誅責。㊵厥，語詞。矧，語詞。曰，與聿通，語詞。尚，庶幾；猶言其將。顯，明。

【譯文】王說：「封！我以為不可以不察，我告訴你施與恩惠的說法，和施行懲罰的道理。現在假如百姓們都不安靜，他們的心情還都不能安定，雖然你屢次教導他們，而還不能融洽。那麼老天要是來責罰我們，我們將不會怨恨。（要知道）罪過不在乎大，也不在乎多；（只要一有罪過），那就會明顯地被老天所聞知。」

王曰：「嗚呼！封。敬哉！無作怨，勿用非謀非彝蔽時忱，丕則敏德㊶。用康乃心，顧乃德，遠乃猷裕，乃以民寧，不汝瑕殄㊷。」

【註釋】 ㊶作，製造。非謀，不善之謀。非彝，不當之法。蔽，塞。時，是；指吏民言。忱，實情。丕則，猶於是：釋詞有說。敏德，疾進於德。㊷康，平和。乃，汝。顧，猶反省。遠，長遠。猷裕，道也：述聞說。按：瑕，語助詞。殄，絕。

【譯文】 王說：「唉！封。你要謹慎啊！不要製造怨恨，不要採用不完善的計謀和不適當的法規，以致蔽塞了這些（吏民的）真實情形，那麼（大家）就可以敏捷地進入了美德的境界。你要心地平和，反省你的行為，要使你的道理能夠長久地適應；（這樣）才能使百姓們安寧，才不至使你（的國運）斷絕。」

王曰：「嗚呼！肆汝小子封㊸。惟命不于常；汝念哉，無我殄享㊹。明乃服命，高乃聽，用康乂民㊺。」

【註釋】㊸肆，語詞。㊹命，天命。不于常，猶言無常。享，祭祀。殄享，意謂國滅。㊺明，與孟通；勉也。乃，汝。服命，職事。高，猶廣也：于省吾說。

【譯文】王說：「唉！你這青年人封。命運是無常的；你要留心呀，不要使我們斷絕了祭祀（國家滅亡）。要奮勉於你的職務，擴充你的見聞，用來安定人民治理人民。」

王若曰：「往哉封！勿替敬典；聽朕告汝，乃以殷民世享㊻。」

【註釋】㊻替，廢。敬典，應謹守之法典。聽，從。世享，世世祭祀；意即永保其國。康地蓋皆殷遺民，故云乃以殷民世享。

【譯文】王如此說：「去吧封！不要廢掉了應當謹守的法典；聽從我所勸告你（的話），才能和殷的百姓們世世代代地奉行祭祀。」

酒誥

本篇所言，皆戒酒之事，故以酒誥名篇。史記衛世家及書序，皆謂此乃康叔封於衛時，周公以成王命告之之辭，茲從之。因所告者為康叔，故韓非子說林篇謂本篇為康誥。

王若曰：「明大命於妹邦㈠。乃穆考文王，肇國在西土；厥誥毖庶邦庶士，越少正、御事，朝夕曰：『祀茲酒㈡。』

【註釋】㈠王，成王也。三家及馬鄭本，王上皆有成字。明，謂昭告。命，命令。妹邦，馬融謂即牧野，商紂舊都附近之地也；在今河南淇縣境。㈡乃，汝；指康叔言。穆，美。肇，開創。毖，告也；教也。述聞及王國維並有說。誥毖，告教。越，與。孫疏云：「少正者，正人之副。」即副長官。祀讀為已，止也：平議說。

【譯文】王如此說：「明白地發布一個大的命令在妹邦。你那美好的先父文王，開創了國家在西方；他教導眾國家眾官員們，以及副長官、和一般官吏們，早晚地告誡說：『停止了這樣喝酒吧。』

惟天降命肇我民，惟元祀㈢。天降威，我民用大亂喪德，亦罔非酒惟行。越小大邦用喪，亦罔非酒惟辜㈣。

【註釋】㈢天降命，謂付君主以天下：王國維說。肇我民，猶言肇國。惟元祀，意謂開國改元。㈣行，猶風行之行，謂普遍使用。越，語詞。辜，罪。

【譯文】老天降下命令使我們開始擁有這些百姓們，於是我們就開國改元了。老天降下來懲罰（災難），我們民眾因而大大地混亂而喪失了德性，也沒有不是由於喝酒之風流行的關係。不管小國大國之所以滅亡，也沒有不是酒的罪過。

文王誥教小子，有正、有事，無彝酒㊄。越庶國飲，惟祀，德將、無醉㊅。惟曰：『我民迪小子惟土物愛，厥心臧，聰聽祖考之彝訓。越小大德，小子惟一㊆。』

【註釋】㊄小子，猶青年人。有，語助詞。正，官長。事，一般官吏：說詳立政。無彝酒，勿常飲酒。㊅越，語詞。庶，眾。祀，謂祭祀時。將，扶持。㊆民，讀為敃，勉也：覈詁說。迪，導。孫疏云：「土物者，土所生之物，謂黍稷。」愛，惜。聰，明。彝訓，法教。越，語詞。按：德，行為。一，專一不貳。

【譯文】當年文王告誡青年們，和主管長官們、一般官員們，不要常常喝酒。諸國的人如喝酒，只有在祭祀時喝些，但要用道德來扶持（約束）、不要喝醉。那是說：『我勉力地領導著青年愛惜穀物，使他們的心地善良，明白地聽從他們祖先父親那合理的教訓。不管小行為或大行為，青年人都要表現出一貫不貳的態度。』

妹土嗣爾股肱，純其藝黍稷，奔走事厥考厥長㊇。肇牽車牛遠服賈，用孝養厥父母；厥父母慶，自洗腆，致用酒㊈。

【註釋】㈧妹土，即妹邦。嗣，繼。股肱，指臣民言。純，專也：義見國語晉語賈逵注。藝，種。奔走，意謂勤勉。㈨肇，語詞。服，從事。慶，善；喜。洗，當讀為先。易繫辭傳「聖人以此洗心」之洗，漢石經及京荀諸家皆作先；是洗與先通。先，猶導也：述聞說。腆（ㄊㄧㄢˇ），設盛饌也：便讀說。用酒，謂飲酒。

【譯文】妹邦的人繼續著作了你的大腿和膀臂（臣民），（讓他們）專一地種植各種穀物，而勤勉地侍奉他們的父親和他們的尊長。（或者）牽著牛車遠遠地去經商，來孝順奉養他們的父母；他們的父母高興了，自己率先準備了盛饌，以致喝了酒（意謂像這情形，可以喝酒。）。

庶士、有正，越庶伯君子，其爾典聽朕教⑩。爾大克羞耇惟君，爾乃飲食醉飽，丕惟曰，爾克永觀省，作稽中德⑪。爾尚克羞饋祀，爾乃自介用逸⑫。茲乃允惟王正事之臣；茲亦惟天若元德，永不忘在王家⑬。」

【註釋】⑩庶伯，謂眾諸侯。君子，謂在官位者。其爾，猶爾其也：尚書故說。典，常。⑪羞，進獻。耇（ㄍㄡˇ），老。惟，與。丕惟，語詞。永，長。省，謂自我反省。作，則。稽，合。中，中正。⑫尚，庶幾。羞，進奉。饋祀，祭祀。介，與丐通；祈求。逸，樂。⑬允，誠。正，長官。事，一般官吏。若，順。元德，謂有善德者。忘，與亡通；滅亡。

【譯文】你們眾官員、眾主管長官，及眾諸侯等在位的人們，你們要經常聽從我的教訓。你們要是能盛大地奉獻酒食給老年人和君長，你們才可以喝醉吃飽。就是說，你們能永遠自我觀察、反省，就能合乎中正的美德了。你們要能奉行祭祀，你們才可以自己祈求著逸樂。這樣，那就真正算是君王的主管官或一般官員；這樣，就是老天也會順從有美德的人，而永遠不會被王朝所滅亡了。

王曰：「封。我西土棐徂邦君、御事、小子，尚克用文王教，不腆于酒(四)。故我至于今，克受殷之命。」

【註釋】(四)棐，與匪通，彼也。徂，與金文常見之戲同，語詞：于省吾說。腆，豐厚；意謂沉湎。

【譯文】王說：「封。我們西方那些國君們、眾官員們、青年們，尚且能夠遵從文王的教訓，不過度地去喝酒。所以我們到今天，能接受了殷的命運。」

王曰：「封。我聞惟曰，在昔殷先哲王，迪畏天，顯小民，經德秉哲(一五)。自成湯咸至于帝乙，成王畏相(一六)。惟御事厥棐有恭，不敢自暇自逸，矧曰其敢崇飲(一七)？越在外服，侯、甸、男、衛、邦伯；越在內服，百僚、庶尹、惟亞、惟服、宗工，越百姓里居，罔敢湎于酒；不惟不敢，亦不暇。惟助成王德顯，越尹人祇辟⑱。

【註釋】⑮迪，與攸通；語詞。經，行。秉，持。哲，智。⑯咸，遍也；參正引江氏說。帝乙，紂父。成王，成就王業。畏，敬。相，輔佐之臣。⑰棐，與斐通，文采貌；形容恭字。有，猶以也。矧，況。崇，聚。⑱服，職官。外服，謂諸侯。伯，長。邦伯，國君。僚，官。尹，正；官長。惟，與。亞，副；次官。服，職事；指羣吏言。宗工，在官之宗人。百姓里居，孫疏謂致仕家居之百官。姑從其說；疑里居當是里君之訛。湎，沈迷。助成，輔助之使成就。越，與。尹，治。人，指人民。祇，敬。辟，法。

【譯文】王說：「封。我聽見說，以前殷代已故的明智君王，都敬畏老天，能使百姓們光明（美好），能實行美德保持著智慧。從成湯開始，普遍數來直到帝乙，都能成就王業、尊敬輔佐的大臣們。他們那些官員們都能非常地謙恭，不敢使自己安閒自己快樂，何況說他們敢聚集起來喝酒？在外地的職官，像侯國、甸國、男國、衛國等國君；在朝中的職官，像各級官員們、眾長官、副長官、其他官員們、從政的王族，以及退休家居的官員們，沒有人敢沈迷於酒的；不但不敢，也沒有閒功夫。他們只是輔佐著君主來助成他的品德光明，以及治理人民使他們謹遵國家的法令。

我聞亦惟曰，在今後嗣王酣身，厥命罔顯于民，祇保越怨不易㊈。誕惟厥縱淫泆于非彝，用燕、喪威儀，民罔不衋傷心。惟荒腆于酒，不惟自息、乃逸㊉。厥心疾很，不克畏死；辜在商邑，越殷國滅無罹㊁。弗惟德馨香、祀登聞于天，誕惟民怨㊂。庶羣自酒，腥聞在上；故天降喪于殷，罔愛于殷：惟逸。天非虐，惟民自速辜㊂。」

【註釋】 ㊈後嗣王，指紂言。酣，酒樂也：見說文。命，命令。顯，昭著。祇，但只。保，安也：見爾雅。越，於。易，改。㊉泆，與佚通，樂也。彝，法。燕，宴飲。威儀，態度舉止。衋（ㄒ一），傷痛。荒，意謂過量。逸，樂。㊁疾，害。很，狠。克，猶肯也：覈詁說。越，於。罹，憂。㊂德馨香，意謂美德。祀，讀為已；與以同義：平議說。登，升。誕，語詞。惟，為。㊂腥，指酒氣言。上，謂天。速，召致。

【譯文】 我又聽見說，在現今繼位的君王（紂），就胡亂地自己喝酒作樂，因而他的命令就不能使民眾們理會，只是安然地接受怨恨而不肯改過。他只是放縱地過度享樂而不遵守法度，由於宴飲，以致喪失了他的風度，民眾們沒有不悲痛傷心的。他只是過度地沈醉於酒，自己不肯停息，只顧尋求歡樂。他的心腸險惡凶狠，不肯怕死；他的罪惡在商國，對於殷國的滅亡絕不憂愁。他不能使他的品德芳香、以致上升到空中被老天聞到；而只是為民眾所怨恨。大羣人自由地在喝酒，腥氣被上天都聞到了；所以老天降下來滅亡之禍給殷國，不再愛護殷國了：這只是為了他們過度享樂的緣故。老天並不暴虐，只是人們自己找來的罪過。」

王曰：「封！予不惟若茲多誥。古人有言曰：『人無於水監，當於民監㉔。』今惟殷墜厥命，我豈可不大監撫于時㉕！

【註釋】㉔監，照；察看。即後世之鑑字。㉕撫，覽也：見文選神女賦注。監撫，猶言監覽：覈詁說。時，是。

【譯文】王說：「封！我不如此地多多告誡了。古人有句話說：『人不要在水裡去察看出自己，應該在百姓方面察看出自己。』現在殷已失掉了他的國運，我們豈可以不大大地察看察看這（情形）嗎！

予惟曰，汝劼毖殷獻臣，侯、甸、男、衛；矧太史友、內史友，越獻臣百宗工；矧惟爾事，服休、服采㉖；矧惟若疇：圻父薄違，農父若保，宏父定辟，矧汝剛制于酒㉗。厥或誥曰：『羣飲。』汝勿佚，盡執拘以歸于周，予其殺㉘。又惟殷之迪諸臣、惟工，乃湎于酒，勿庸殺之，惟姑教之有斯明享㉙。乃不用我教辭，惟我一人弗恤，弗蠲乃事，時同于殺㉚。」

【註釋】 ㉖劼，訛字；當作誥。誥毖，告教也：王國維說。獻，賢。矧，又；以下三「矧」字義同。釋詞有說。太史、內史，皆官名；掌記言記事者：說詳孫疏。友，僚友；太史、內史，皆不止一人，故云友：覈詁說。越，與。宗工，在官之宗人。事，一般官吏（非主管官）。服休，燕息之臣；服采，朝祭之近臣：鄭玄說（見正義）。㉗疇，類。若疇，猶言彼輩。偽孔傳謂圻父即司馬，農父即司徒，宏父即司空；茲從其說。司馬掌封圻之甲兵。薄，謂迫而擊之。違，謂違戾不順者。司徒兼主農事（說詳覈詁）。若，善。保，養。司空，主度土地居民。辟，法。剛，強。㉘誥，告。佚，謂放縱之：本孫疏說。其，猶將。㉙迪，釋詞以為句中語助詞。惟，與。工，官。庸，用。有，于。明享，猶言祭祀，古習用語。參于省吾說。㉚教辭，告教之言。恤，憂；意謂顧慮。蠲（ㄐㄩㄢ），善：便讀說。時，是。同，謂與周人同。于，以。

【譯文】 我是說：你告教殷國的賢臣們，以及侯、甸、男、衛等諸侯；又如太史的僚屬、內史的僚屬，以及賢良的官員們、和從政的王族們；又如你的一般官員們，如伺候宴息的官員、侍奉朝祭的官員；還有這類官員們：如圻父迫擊叛逆，農父善保百姓，宏父制定法規，還有你都要堅強地控制著自己喝酒。假如有人來報告說：『羣眾在喝酒。』你可不要放縱他們，要把他們通通逮捕起來送到周王朝，我要把他們殺掉。要是殷國的臣僕和官員們，竟然沉醉於酒，那就不用殺他們，只姑且教導他們在祭祀時（喝酒）。要是不遵從我告誡的話語，那就是（他們）不顧慮我個人，不能好好地處理他們的事；（假若如此），那就同樣地把他們殺死。」

王曰：「封！汝典聽朕毖，勿辯乃司民湎于酒㊂。」

【註釋】㊂典，常。聽，聽從。毖，告教。辯，使。乃司民，汝所管轄之民。

【譯文】王說：「封！你要經常地聽從我的告教，不要使你所管轄的民眾們沉醉在酒裡。」

梓材

本篇有「若作梓材」之語，因以梓材名篇。蔡傳謂此乃武王誥康叔之書；惟自「今王惟曰」以下，疑為周公、召公進諫成王之語，因簡編斷爛，誤合為一篇。其說似是。

王曰：「封！以厥庶民暨厥臣、達大家，以厥臣達王，惟邦君㊀。

【註釋】㊀上臣字，指眾臣言。下臣字，兼指大家而言：便讀說。達，通；謂上下情通。大夫稱家。孫疏及便讀以為大家，猶孟子所謂巨室；茲從之。惟，為。邦君，諸侯。

【譯文】王說：「封！使你的民眾及一般臣屬（的情意）通達到高級官員，再使你所有官員們的意見都能通達到天子，（若能作到這樣，）那才可算是國君。

汝若恒越曰：『我有師師，司徒、司馬、司空、尹、旅。曰：予罔厲殺人；亦厥君先敬勞，肆徂厥敬勞㈡。肆往，姦宄、殺人、歷人、宥；肆亦見厥君事，戕敗人宥㈢。』

【註釋】㈡若，猶其也：釋詞說。恒，常。越，粵；語詞。上師字，眾也；下師字，長也。孫疏說。尹，正；謂大夫。旅，眾；謂士。亦孫疏說。殺戮無辜曰厲；義見周書謚法篇。敬，與矜通；憐憫。勞，與勤同義；閔惜。尚書故謂敬勞猶言矜閔；是。肆，故。駢枝釋徂為且。㈢肆，語詞。往，往昔。姦宄，謂姦宄者。殺人，謂殺人者。歷，亂也。尚書故有說。宥，恕其罪。見，效。戕敗人，殘害人者。

【譯文】你會常常說：『我有眾官員們，像司徒（管民政的）、司馬（管軍政的）、司空（管土地工程的）、（還有其他）長官們、一般官員們。他們說：我不冤枉殺人；（要看）我們的君主先憐憫那些人，所以我們也就憐憫那些人。在以往，作亂的、殺人的、犯法的，被君主寬恕了，所以（那時的官員們）也就效法他們君主的行為，對殘害人的也就加以赦免了。』

王啟監，厥亂為民㈣。曰：無胥戕，無胥虐，至于敬寡，至于屬婦，合由以容㈤。王其效邦君、越御事，厥命曷以引養引恬。

自古王若茲，監罔攸辟㈥。

【註釋】㈣啟，設立。監，謂諸侯。參尚書故及大義說。論衡效力篇引本文，亂作率，為作化。述聞謂：為乃化之借字；亂乃率之借字。率，用也。㈤無，勿。胥，相。戕，傷害。孫疏謂：敬，矜之假；即鰥也。屬婦，小爾雅以為賤妾。合，共同。由，用。容，容保；猶言愛護。㈥效，教。命，道。引，長。尚書故說。養，自奉；保養。恬，安。古王，先王。若茲，如此。監，指諸侯。辟，邪惡：參尚書故說。

【譯文】君王所以建立諸侯，是用來教化民眾的。（君王要告誡他們）說：你不要迫害百姓們，不要虐待百姓們，至於鰥夫寡婦（孤苦可憐的人），甚至卑賤的侍妾，都要加以保護。君王要教導這些國君們，以及眾官員們，他們怎麼才能永久保養永久安寧的道理。自古以來君主都是如此，（因此）諸侯們就沒有邪惡不正的。

惟曰：若稽田，既勤敷菑，惟其陳修，為厥疆畎㈦。若作室家，既勤垣墉，惟其塗塈茨㈧。若作梓材，既勤樸斲，惟其塗丹雘㈨。」

【註釋】㈦稽，敷，皆治理也。菑，田之新墾者。陳，與甸通；治田。述聞、參正皆謂陳修即修治。

畎，田間溝。㈧墉，牆。塗，說文引作㪟，正義作斁。斁、㪟，皆與度通；謀也：平議說。塈（ㄐㄧˋ），塗飾牆垣。茨（ㄘˊ），以草葦蓋屋。㈨梓，治木器。樸，去木質之皮存其素。斲（ㄓㄨㄛˊ），斫。塗，與上塗字同。丹，朱色。雘（ㄏㄨㄛˋ），善丹。

【譯文】 就是說：好像農夫耕田一樣，既然勤勉地治理了新開墾的田地，就要繼續地整理，去修築疆界和田間的水溝。好像造房子一樣，既然勤勉地築起牆壁來，就要計畫著粉刷房子，用草蓋起屋頂來。好像作木器一樣，既然勤勉地砍去了木皮而成為素材，就要計畫著把木器漆上精美的紅色顏料。」

「今王惟曰㈩：先王既勤用明德，懷為夾，庶邦享作，兄弟方來；亦既用明德，后式典集，庶邦丕享⑪。

【註釋】 ㈩自此以下，係臣諫君之言；當是他篇之錯簡。⑪懷，謂懷柔之。為，使。夾，輔。享，進獻。作，興起。兄弟方，謂友好之國。來，謂來歸附。按：既，猶其也；荀子議兵篇引詩常武「徐方既來」，既作其。可證既與其通。后，謂諸侯。式，語詞。典，常。集，謂朝會。庶邦，眾國。丕，乃。

【譯文】 現在王啊你要說：先王既然奮勉地照著光明（美好）的德行去做，懷柔諸侯使他們輔佐王室，因此眾侯國都進貢給王朝，友邦也都來歸附了；（我）也要照著光明的德行去做，（這樣）諸侯就會常常來朝見，眾侯國也就會來進貢了。

皇天既付中國民越厥疆土于先王；肆王惟德用，和懌先後迷民，用懌先王受命㊂。

【註釋】㊂付，給與。越，與。肆，故。懌，悅。先，謂導於先。後，謂護於後。迷，迷惑。下「懌」字義與斁同，終也；猶言完成。本孫疏說。

【譯文】偉大的老天既然把中國的人民和疆土付給了我們的先王；所以王要照著美德去做，使迷惑的人們和悅，而領導著、護衛著他們，以完成先王所接受的使命。

已！若茲監㊂。惟曰：欲至于萬年惟王㊃，子子孫孫永保民。」

【註釋】㊂已，噫。監，鑑。㊃惟，為。

【譯文】唉！你要把這些作為借鏡。就是說：要千秋萬世保持著王業，子子孫孫永遠保護民眾們。」

召誥

本篇為召公誥成王之辭，故名召誥。史記周本紀謂：周公行政七年，成王長，周公反政成王，而使召公營洛邑，於是作召誥、洛誥。茲從其說。

惟二月既望，越六日乙未，王朝步自周，則至于豐㈠。

【註釋】㈠二月，以洛誥證之，當為成王七年之二月。既望，月之十六日。越，踰。越六日，即二十一日；是日為乙未。王，謂成王。朝，晨。自，從。周，指西周之都城鎬京言；鎬，在今陝西西安西南。豐，文王所都；在今陝西鄠縣，距鎬二十五里。舊說文王之廟在豐。因將營雒邑，以其事告於文王廟，故成王至豐。

【譯文】二月望日以後，過了六天到了乙未這一天，（成）王清晨從周（鎬）走出來，到了豐邑。

惟太保先周公相宅；越若來三月，惟丙午朏，越三日戊申，太保朝至于洛，卜宅㈡。厥既得卜，則經營㈢。越三日庚戌，太保乃以庶殷，攻位于洛汭；越五日甲寅，位成㈣。若翼日乙卯，周公朝至于洛，則達觀于新邑營㈤。越三日丁巳，用牲于郊，牛二㈥。越翼日戊午，乃社于新邑，牛一、羊一、豕一㈦。越七日甲子，周公乃朝用書命庶殷——侯、甸、男、邦伯。厥既命殷庶，庶殷丕作㈧。太保乃以庶邦冢君，出取幣，乃復入，錫周公㈨。

【註釋】㈡太保，謂召公。先周公，先於周公。相，視察。宅，居處；指擬築之雒邑言。越若，與粵若同，發語詞。來，翌。朏（ㄈㄟˇ），月始生之微明；指初三日。越三日，即初五日。朝，晨。洛，當作雒，下同。卜宅，謂以龜占卜築雒邑之吉凶。㊂得卜，得吉卜。經，測度。營，立表識以定建築物之方位。㊃庚戌，初七日。庶殷，眾殷人。攻，作。位，謂城郭宗廟宮室之位。汭，水岸內側；洛汭，雒水之北。甲寅，十一日。㊄若，猶及也；釋詞說。乙卯，十二日。達觀，猶言通看一遍；段玉裁古文尚書撰異說。㊅丁巳，十四日。郊，祭天。牛二，用二牛。㊆戊午，十五日。社，謂祭社。㊇甲子，二十一日。朝，晨。書，文書；即今之公文。丕，乃。作，謂從事工作。㊈以，與。冢，長。冢君，君長。幣，玉帛之屬。錫，給與。

【譯文】 太保（召公）就在周公之先（到雒地）觀察建築城邑的地方；次月──三月，初見月牙的那天是丙午，過了三天就是戊申，太保清晨到了雒地，就占卜築城的地區。既已得到吉兆，於是就測量並立下標竿。又過了三天到了庚戌這天，太保就使殷的羣眾，在雒水北岸治理各建築物的位置；再過五天到了甲寅日，各建築物的位置都定了。到了第二天乙卯日，周公清晨到了雒地，就通通地把經營新城的工程視察了一番。又過了三天到了丁巳日，用犧牲舉行祭天的典禮，用了兩頭牛。到了第二天戊午日，又在新城舉行祭社的典禮，用了一頭牛、一隻羊和一隻豬。又過了七天到了甲子日，周公於是在清晨用文書命令殷的羣眾──包括侯、甸、男各國的國君。周公既已命令了殷的羣眾，殷的羣眾就展開了工作。太保於是和各國的國君，一同出去拿了玉器綢子等，然後回來，奉獻給周公。

曰：「拜手稽首，旅王若公。誥告庶殷，越自乃御事⑩。嗚呼！皇天上帝，改厥元子茲大國殷之命⑪。惟王受命，無疆惟休，亦無疆惟恤⑫。嗚呼！曷其奈何弗敬！

【註釋】⑩曰，召公曰。拜手，跪而叩首於手。稽首，跪而叩首於地。旅，陳；告：義見爾雅。若猶及也：覈詁說。公，謂周公。孫疏據旅王若公之言，謂王此時亦在雒。蓋成王既告廟於豐，旋亦至雒也。越，與。自，衍文；詩思齊鄭箋引此文無自字。乃，汝。御事，治事之臣。⑪改，革去。元，長。上帝之元子，即天子也；此指殷王言。命，謂國運。⑫無疆，無窮。休，讀為庥，福祥。恤，憂。

【譯文】（召公）說：「叩頭又叩頭，（我）報告王和周公。（並且）告訴你們殷的羣眾，以及你們的官員們。唉！偉大的老天上帝，已革除了他的長子（紂）這個大國殷的命運。君王（你）已接受了天命，這是無窮無盡的幸福，也是無窮無盡的憂慮。唉！怎麼能不謹慎呀！

天既遐終大邦殷之命⑬。茲殷多先哲王在天，越厥後王後民，茲服厥命；厥終智藏瘝在⑭。夫知保抱攜持厥婦子，以哀籲天；徂厥亡出執⑮。

【註釋】⑬遐，古與瑕、假互通；已也。⑭越，語詞。服，從。厥命之厥，指殷先哲王言。終，謂殷末世紂之時。智，智者。瘝，病；此謂有毛病之人。在，謂在位。(一五)夫，謂人人；正義說。知，語詞無義：見說文。保，金文字形作負子於背之狀；知為背負之義。籲，呼。尚書故謂徂與阻通。亡，逃亡。執，拘執。

【譯文】 老天既已結束了大殷國的命運。這殷國許多已故的明智君王（之靈）都在天上，他那後來的君主後來的人民，都如此地服從他們（那些先王）的命令；到了末代，明智的人都隱居起來，有毛病的人却在（朝廷上）。每個人民都背著抱著牽著扶著他的婦女兒童，在悲哀地呼籲老天；（紂）却禁止民眾逃亡，（要是逃亡的）就把他們逮捕起來。

嗚呼！天亦哀于四方民，其眷命用懋，王其疾敬德(一六)。相古先民有夏，天迪從子保；面稽天若，今時既墜厥命(一七)。今相有殷，天迪格保；面稽天若，今時既墜厥命(一八)。今沖子嗣，則無遺壽耇；曰，其稽我古人之德，矧曰其有能稽謀自天(一九)。嗚呼！有王雖小，元子哉。其丕能諴于小民，今休(二〇)。王不敢後，用顧畏于民嵒(二一)。

【註釋】 (一六)亦，語詞；無承上啟下之義。哀，憐憫。眷，顧。懋，勉。疾，急。敬，謹。(一七)相，視。迪，攸；乃。述聞謂子與慈義通。面，于省吾讀為偭，背也。按：稽，音義同旨，是也；此也。

若，句末語詞。墜厥命，謂亡國。⑱按：格，神降臨。保，保佑。⑲沖子，青年人；指成王言。遺，棄而不用。壽耇，老人。稽，考。矧，亦。有，又。謀，咨謀。尚書故謂：自，猶於也。⑳元子，見注㊁。丕，語詞。諴（ㄒㄧㄢˊ），和。今，猶即。爾雅孫炎注可證。休，美。㉑不，勿也。迷聞、便讀皆有說。後，遲也：義見說文。平議謂：碞，當作嵒，多言也。

【譯文】 唉！老天是憐憫四方（天下）的民眾的，王可要顧慮天命而奮勉從事，王可要急切地謹慎於德行。試看古時的人像夏代，（起初）老天是對他們加以愛護的；（到了夏桀）違背了這天意，現今已喪失了他的國運。現在再看看殷代，老天本來也是降臨下來而保祐他們的；（後來殷紂）違背了這天意，現在也喪失了他的國運。現在你這青年人繼承了王位，可不要遺棄了（不用）老年人；你要說，我要來考察我們古人的美德；你又要說，我還得能夠觀察請示天意。唉！王雖然年紀小，但究竟是天子。要能使小百姓們融洽，那就好了。王（作事）要敢於遲緩，要顧忌畏懼百姓們的言論。

王來紹上帝，自服于土中㉒。旦曰：『其作大邑，其自時配皇天；毖祀于上下，其自時中乂㉓。王厥有成命，治民今休㉔。』王先服殷御事，比介于我有周禦事㉕。節性，惟日其邁；王敬作所，不可不敬德㉖。

【註釋】 ㉒紹，尚書故謂當讀為卲，卜問也。自，用。服，治。土中，即中土；謂天下之中。指雒地言。㉓旦，周公名。召公對成王述周公之言，故稱其名。自時，由是。配，合。毖，告。上，指天神。下，指地祇。中乂，中土平安。㉔馬瑞辰毛詩傳箋通釋謂：成，義與明通；成命，明命也。此指營雒之命言。今，即。休，美。㉕服，使服從。比，親附。介，尒之訛；足利本及偽孔傳可證。尒，讀為邇，近也。㉖節，限制；不放縱。邁，覈詁讀為勱，勉也。敬，謹。作，作為。所，句末語詞。敬德，謹於德行。

【譯文】 王來卜問於上帝，用來治理中原（雒）。旦說：『要在這裡建築一座大城，由此就可以配合老天（的意旨）；禱告祭祀天地的神靈，由此中原就可以安定了。王若有高明的命令（今築雒邑），來統治人民那就好了。』王首先要使殷的官員們服從你，使他們和我們周的官員們處得融洽親切。控制著自己的性情，要天天來勉勵自己；王要慎重自己的作為，不可不謹慎於自己的德行。

我不可不監于有夏，亦不可不監于有殷㉗。我不敢知曰，有夏服天命，惟有歷年；我不敢知曰，不其延，惟不敬厥德，乃早墜厥命㉘。我不敢知曰，有殷受天命，惟有歷年；我不敢知曰，不其延，惟不敬厥德，乃早墜厥命。今王嗣受厥命，我亦惟茲二國命，嗣若功㉙。

【註釋】 ㉗二監字，皆與鑑同。㉘二敢字，皆語詞。我不敢知，猶言「我可不知道」。服，受。孫疏謂：歷，久也。歷年，多年。延，續。㉙惟茲之惟，思也。嗣，繼。若，猶其也：釋詞說。

【譯文】我們不可不以夏國為借鏡，也不可不以殷國為借鏡。我可不知道（是不是），當年夏朝接受了天命，經過了許多年；我可不知道（是不是），他們不能延續下去了，就因為他們不能謹慎於他們的德行，才老早地就喪失了他們的國運。我可不知道（是不是），殷朝接受了天命，經過了許多年；我可不知道（是不是），他們不能延續下去了，就因為他們不能謹慎於他們的德行，才老早地就喪失了他們的國運。現在王繼續著來接受了這任命，我們要考慮考慮這兩國的命運，（才能）把這功業繼續下去。

王乃初服；嗚呼！若生子，罔不在厥初生；自貽哲命㉚。今天其命哲，命吉凶，命歷年㉛。知今我初服，宅新邑，肆惟王其疾敬德。王其德之用，祈天永命㉜。其惟王勿以小民淫用非彝亦敢殄戮；用乂民，若有功㉝。其惟王位在德元，小民乃惟刑；用于天下，越王顯㉞。㉟上下勤恤，其曰我受天命，丕若有夏歷年，式勿替有殷歷年，欲王以小民受天永命。」

【註釋】㉚服，任事。初服，謂始任政。貽，給與。哲，明。㉛命哲、命歷年，皆省略語，意謂命明哲與否，命永年與否。㉜知，語詞；或矧之訛。肆，故。疾，急。之，是。祈，求。永命，悠久之國運。㉓淫，過度。彝，法。亦，語詞。殄，絕滅。乂，治。述聞謂：若猶乃也。㉔按：古位字但作立。此位字當讀為立。元，首；德元，德之首。刑，與型同義；法也。越，爰；於是。㉕上下，謂天子至庶民。勤，勤勞。恤，憂慮。丕、式，皆語詞。替，廢掉；勿替，意謂保有之。

【譯文】王剛剛主持國政；唉！就好像生下的孩子一樣，沒有不是在他幼年時（教導他的）；（這樣），才能給與自己明哲（好）的命運。（不知道）現在老天要使我們明哲與否，使我們吉利或凶險，使我們國運悠長與否。現在我們剛剛任政，住在新城，所以王要趕緊地謹慎於德行。王能照著美德去做，那才能向老天祈求悠久的國運。希望王不要因小百姓們過度地違犯法規就來殺戮他們；這樣來統治民眾，才能有功效。王能作為道德的表率，小百姓們才效法你；照這樣施行於天下，那麼王才能光顯（美好）。上從天子下到百姓都能勤勉而常顧慮，那將使我們所接受的天命像夏朝那樣漫長的年代，也不至於捨掉了殷朝那樣漫長的年代，希望王與小百姓們同來接受老天所賜與的永久的命運。」

拜手稽首曰：「予小臣，敢以王之讎民、百君子、越友民，保受王威命明德㉖。王末有成命，王亦顯㉗。我非敢勤，惟恭奉幣、用供王，能祈天永命㉘。」

【註釋】㉖敢，語詞。按：讎民，為友民之對文；指殷遺民言。百君子，眾官員。威命，威嚴之命令。㉗末，終。成命，明命。亦，語詞。顯，光顯。㉘敢，語詞。能，而。

【譯文】叩頭又叩頭說：「我這小臣，要和王（原來）有仇的百姓們、眾官員們，以及友好的民眾們，都來保持著遵從著王的威嚴命令和光明的品德。王要終於宣布了高明的命令，那麼王就光顯（美好）了。我自己並沒有什麼勤勞，我只有恭敬地捧著玉器綢子等供給王，而祈求老天賜予我們永久的命運。」

洛誥

洛，應作雒。周公營雒邑既成，成王至雒，命周公留守雒邑。史佚因記周公受命時之典禮，及君臣問答之言；故名雒誥。（本王國維雒誥解說）

周公拜手稽首曰：「朕復子明辟㈠。王如弗敢及天基命定命，予乃胤保，大相東土，其基作民明辟㈠。予惟乙卯，朝至于洛師㈡。我卜河朔黎水。我乃卜澗水東、瀍水西，惟洛食㈢。我又卜瀍水東，亦惟洛食。伻來以圖，及獻卜㈣。」

【註釋】㈠復，白；報告。辟：君。明辟，猶言明君。此時成王至雒，故周公白之：本王國維雒誥解說。敢，語詞。如弗敢及，急切之詞，如論語見善如不及之義。基命，謂始創業時。定命，謂武王克殷之後。胤，嗣，繼續。胤保，指輔佐文、武、成三王言。相，視察。其基之基，謀也。㈡乙卯，據召誥，知為成王七年三月十二日。朝，晨。師，人眾處。洛師，謂雒邑。㊂河，黃河。朔，北。便讀云：「河朔黎水，在今河南衛輝府濬縣東北。」澗水、瀍水，並見禹貢。食，謂吉兆；尚書故說。㊃伻（ㄅㄥ），使。伻來，使成王來雒。圖，謀。

【譯文】 周公叩頭又叩頭說：「我報告你明哲的君王。君王（勵精圖治）好像唯恐趕不上老天讓（文王）開國之時和（武王）平定天下之時的功業，我於是繼續地輔佐著（你），大大地觀察了一番東方之地，那是謀畫著使你成為百姓的英明君主。我在乙卯這天，早晨到了雒京。我先占卜在黃河北岸黎水這一帶建設都邑（結果不吉）。我又占卜了澗水以東、瀍水以西這一帶，結果只有雒水一帶是吉利的。我又占卜了瀍水以東這一帶，還是只有雒水一帶是吉利的。於是請君王到（雒城）來商量商量，並且把占卜的結果獻給君王。」

王拜手稽首曰：「公！不敢不敬天之休，來相宅，其作周匹休㊄。公既定宅，伻來、來，視予卜休恒吉，我二人共貞；公其以予萬億年㊅。敬天之休；拜手稽首誨言㊆。」

【註釋】 ㊄敬，謹。休，福祥。作周，謂成就周之王業。匹，配合。休，天之休命。㊅伻來、來，謂使己來，今已來也。視，示。卜休，所卜之休命。恒，徧也；尚書故說。貞，當也。馬融說（見釋文）。以，與也；尚書故引戴鈞衡說。㊆古謀字从言从每，誨即謀也；吳大澂說。于省吾謂：誨言，猶咨言也。

【譯文】 王叩頭又叩頭說：「公！我不敢不謹慎於老天所賜予的福祥，到這裡來視察居住（築城）的地方，以便成就周的王業而配合天所賜予的福祥。公既然決定在這裡修建城邑，使我來、我已來了，公指示我所占卜的運氣通通是吉利的，（這吉利的卜兆）我們兩人共同來擔當。公和我將會千秋萬代（子孫相傳不窮）。（我）敬謹地接受老天所賜予的福祥，所以叩頭又叩頭地來請教你。」

周公曰：「王肇稱殷禮，祀于新邑，咸秩無文⑧。予齊百工，伻從王于周；予惟曰，庶有事⑨。今王即命曰：『記功，宗，以功作元祀⑩。』惟命曰：『汝受命篤弼；丕視功載，乃汝其悉自教工⑪。』孺子其朋，孺子其朋，其往。無若火始燄燄，厥攸灼，敘弗其絕⑫。厥若彝及撫事⑬。如予惟以在周工，往新邑。伻嚮即有僚，明作有功；惇大成裕，汝永有辭⑭。」

【註釋】 ⑧肇，始。稱，舉行。殷禮，殷之祭禮。咸，皆。秩，有序。述聞讀文為紊，亂也。⑨齊，同；共。百工，百官。周，鎬京。庶，庶幾。有事，謂祭祀之事也；古習用語。雒誥解謂：周公本欲使百官從王至宗周行此祭禮，故云「伻從王于周」。⑩即命，此謂就而命之；非就而聽命也。二「功」字，皆指營雒之功言。宗，崇；隆重。雒誥解謂：作元祀，謂行祀天建元之禮。並云：成王是年，復改為元年。㈡惟命曰，仍追述成王之命也。受命，受武王顧命：尚書故說。篤弼，忠實輔佐。丕，語詞。載，事。汝，統周公及營雒諸臣言。悉，盡。教，大傳作學，效也。㈢孺子，稚子；指成王言。朋，此作動詞用，猶言交友。偽孔傳謂其往，為自今以往。燄（ㄧㄢˋ）燄，火微燃貌。灼，光盛。敍，義與緒同；此謂火之蔓延。㈢若，順。彝，常法。及，猶汲汲。撫，治理。㈣如，猶而也。在周工，諸臣之在鎬者；此指隨周公來營雒之官吏言。伻，使。嚮，向。即，就。有，通友。友僚，猶言同事。明，勉。惇，厚。裕，安泰。按：古文嗣字與金文𤔲字相近，而籀文辭作𤔲（見說文）。此辭字蓋本作嗣，訛為𤔲，又易為辭也。

【譯文】 周公說：「王開始來舉行（用）殷的祭禮，在新城舉行祭祀，（祭禮進行得）通通有條不紊。（本來）我想會齊眾官員們，使他們隨從君王到周京去；我是說：會有祭祀的事。現在王到這裡來命令我們說：『為了紀念這功績，（我們要）隆重些，要為這功績舉行祭天改元的典禮。』王（又）命令說：『你接受了先王的遺命而忠實地輔佐著王朝；（現在我到這裡來）視察你們的工作，而你們這些人都自動地盡力工作。』從今以後，（你這）青年人可要和官員們友好，（你這）青年人可要和官員們友好。不要像火剛開始時微弱地燃燒一樣，到它燃燒得熾盛了，火勢蔓延就不能撲滅了。你要遵循著正常的法度努力不懈地治理政事。至於我呢，只是和（原來）在鎬京的官員們，到新邑來。使同事們在一起，奮勉地建立功業；（這樣）功業就深厚偉大而造成國勢的安泰，你的王業就可以永遠地延續下去了。」

公曰：「已！汝惟沖子，惟終⑮。汝其敬識百辟享，亦識其有不享。享多儀；儀不及物，惟曰不享。惟不役志于享⑯。凡民惟曰不享，惟事其爽侮⑰。乃惟孺子頒，朕不暇聽。朕教汝于棐民彝⑱。汝乃是不蘉，乃時惟不永哉⑲。篤敘乃正父，罔不若；予不敢廢乃命⑳。汝往，敬哉！茲予其明農哉！彼裕我民，無遠用戾㉑。」

【註釋】⑮已，噫。終，謂善其終；義與詩蕩「鮮克有終」之終同。⑯識，記。辟，君。百辟，指諸侯言。享，進獻。儀，禮節。役志，用意。⑰曰，讀如聿；語詞。爽，差失。侮，輕慢。⑱王樹枏尚書商誼謂：頒，分也；謂辨別。聽，意謂與聞其事。棐，輔。彝，常法。⑲乃，猶若也：釋詞說。蘉（ㄇㄤˊ），勉。時，謂傳世之年代。永，久。⑳篤，厚。敘，謂銓敘。正、父，皆官長也：雒誥解說。若，順。廢，棄。乃命，汝之令。㉑敬，謹慎。明農，黽勉。彼，通被。裕，容。彼裕，謂覆蔽維護之。尚書故有說。用，以。戾，止。

【譯文】（周）公說：「唉！你這年輕的人呀，（處事）要能夠善終。你要慎重地記著諸侯們的進獻，也要記著他們有不來進獻的。進獻有很多儀式；如果儀式不及所獻的禮物那麼隆盛，那就算是他沒來進獻。（因為）他並不用誠意來進獻。大凡人們要不來進獻，那麼政事就錯亂政府就要受侮慢了。（像這些事情）只有你青年人自己去辨別吧，我就沒有空閒來過問了。我只是教你些輔佐民眾的經常法則罷了。你若對這些事情不奮勉，那麼你國家的年代就不會長久。（你要）優厚地銓敍你的官長們，（那麼官員們）就沒有不順從你的；我也不敢廢掉（不顧）你的命令。從今以後，要謹慎呀！現在我也要奮勉呀！保護我們的百姓們，不要因為百姓們住在遠方，就停止了對他們的愛護。」

王若曰：「公！明保予沖子。公稱丕顯德，以予小子，揚文武烈。奉答天命，和恒四方民，居師㊂。惇宗將禮，稱秩元祀，咸秩無文㊂。惟公德明，光于上下，勤施于四方，旁作穆穆，迓衡不迷文武勤教。予沖子夙夜毖祀㊃。」

【註釋】㊂明，勉。稱，顯揚。丕，語詞。以，使。揚，發揚。烈，業。答，報答。尚書故謂：恒，與順義通。師，謂雒師：尚書故說。居師，謂定居雒師。㊂惇，厚。宗，尊；隆重。將，行；義見詩燕燕毛傳。稱秩，猶言舉行。元祀，首祀：便讀說。文，紊；見前。㊃德明，德行昭著。上，謂天上。下，謂人間。勤，勞績。旁，溥。作，成為。穆穆，美善。迓，與御通；此應作御。御衡，猶言柄政：駿詁說。毖，慎。

【譯文】王如此說：「公！你要勉力地來保護我這青年人。公能顯揚光明的品德，使我這青年人，來發揚文王武王的功業。以報答老天給我們的任命，使四方的人民都能和順地住在洛師。厚厚地隆重地舉行典禮，舉行這第一次的祭祀，都能有條不紊。公的品德是光明的，顯耀於天上人間，公的勤勞施給了天下（的人民），普遍的完美，掌理政權也不至迷失了文王武王那般勤的教訓。我這青年人只有早晚謹慎地祭祀就是了。」

王曰：「公功棐迪篤，罔不若時㉕。」

【註釋】㉕棐，與斐通，文彩貌。迪，攸；語詞。篤，厚大。時，是。

【譯文】王說：「公的功勞美好而偉大，沒有不像這樣似的。」

王曰：「公！予小子其退即辟于周，命公後㉖。四方迪亂未定，于宗禮亦未克敉公功㉗。迪將其後，監我士、師、工，誕保文武受民，亂為四輔㉘。」

【註釋】㉖退，謂自雒退去。即辟，就君位。周，謂鎬京。後，留後；指留雒言：雒誥解說。㉗迪，攸。宗禮，祭祀之禮。敉，讀為彌；終也：雒誥解說。㉘迪，猶用也。將，主也。皆尚書故說。士、師、工，皆官也：雒誥解說。誕，語詞。受民，即受命民，天所授予之民也：覈詁說。亂，讀為率；用也：述聞說。四輔，猶言四方屏藩。

【譯文】王說：「公呀！我這青年人就要退回周京去就位了，使公留在後方（雒邑）。四方還在亂著沒能安定，關於祭祀的禮制，公的工作也還沒有完成。因此（你）主持這後方（的事務），監督著我們的士、師、工等官員們，來保護著文王武王所接受的民眾，用以作為四方的屏藩。」

王曰：「公定，予往已㉙。公功肅將祗歡，公無困哉㉚。我惟無斁，其康事；公勿替刑，四方其世享㉛。」

【註釋】㉙定，留止。㉚功，事。肅，斂；減縮。祗，當讀為厎，致也。困，困難。㉛斁，厭倦。其康事，言將使政事平康。替，廢棄。刑，典型。享，進獻。

【譯文】王說：「公留住吧，我要回去了。公的事情已減少將可以愉快了，公沒有什麼困難呀。我只有不厭倦地作下去，那將會使政事平和（順利）；公不要廢掉了人們的典型（意謂周公在位，可以作人們的表率。），那麼，天下就會世世代代來進貢給王朝了。」

周公拜手稽首曰：「王命予來承保乃文祖受命民；越乃光烈考武王弘朕恭㉜。孺子來相宅，其大惇典殷獻民，亂為四方新辟；作周，恭先㉝。曰，其自時中乂，萬邦咸休，惟王有成績㉞。予旦以多子越御事，篤前人成烈，答其師；作周，孚先㉟。考朕昭子刑，乃單文祖德㊱。伻來毖殷，乃命寧予；以秬鬯二卣，曰：『明禋，拜手稽首休享㊲。』予不敢宿，則禋于文王武王㊳。惠篤敍，無有遘自疾，萬年厭于乃德，殷乃引考㊴。王伻殷乃承敍，萬年其永觀朕子懷德㊵。」

【註釋】㉜承保，猶言保護；說見盤庚。乃，汝。文祖，見堯典；此指文王言。越，語詞。乃，汝。光烈，光顯。弘，大。莊寶琛謂：說文訓之古文作佚。本文朕字，當是佚之訛。其說是也。㉝惇，厚。于省吾謂：典，典冊也；此作動詞用，猶言冊錄也。按：即錄用之意。獻，賢。亂，讀為率；用也：述聞說。新辟，新封之諸侯。作周，見前。㉞時，是。中乂，見召誥。休，喜。續，功。㉟多子，疑指周公之諸子言。舊謂為眾卿大夫，恐非是。越，與。篤，理也：義見廣雅。烈，業。答，報答。師，眾；指殷民言。孚先，以孚信為先。㊱考，成。便讀云：「昭子，謂成王，猶言子明辟也」。刑，典型。單，大。㊲伻來，謂王遣使來。毖殷，告於殷遺民。寧，安；猶今言問候也。雒誥解有說。秬（ㄐㄩˋ）鬯（ㄔㄤˋ），黑黍酒；祭時用以灌地者。卣（ㄧㄡˇ），酒器。曰，成王曰。雒誥解謂：牲下置柴而燎之，使其煙上達曰禋。與柴、燎義同。按：明禋，與酒誥之明享相似；即禋祭也。休，美善。享，祭獻。㊳宿，經宿。㊴惠，維。篤敍，安順。遘，遇。自，於。萬年，意謂永久。厭，滿足。殷，盛也：大義說。引考，長壽也：尚書故說。㊵伻，使。尚書故謂：承敍，承順也。觀，示。朕子，猶言吾子；謂成王也。懷，眷念。

【譯文】 周公叩頭又叩頭說：「王命令我來保護你的祖先所接受於天的民眾；（我只有）對於你光顯的先父武王那偉大的教訓恭敬地（遵守著）。青年人來視察居處（雒邑），可要很優厚地錄用殷的賢良人才，使他們作四方的新諸侯；成就周的王業，要以恭謹為先。就是說：從此以後，中原就要太平，所有國家就都歡欣，而王也就算是成功了。我旦呢，就帶著我的許多兒子們以及官員們，來治理先人已成就的功業，以報答這些殷的民眾；成就周的王業，要以誠信為先。使我的開明君王成為人們的典型，才能發揚光大已故祖先的美德。王派遣使者來告誡殷（的遺民），因而命令使者來問候我，並且帶來兩瓶黑黍酒，（傳達王命）說：『要舉行禋祭，要叩頭又叩頭地好好地祭祀。』我不敢（把酒）留過一夜，就對文王及武王舉行了禋祀。希望著都很安樂順遂，沒有人遭到疾病，（神靈們）永遠都會對你的美德滿意，使你隆盛地享著高壽。王能使殷國遺民都服從王朝，千秋萬年他們會永遠表示懷念我的君王的德惠。」

戊辰，王在新邑，烝，祭歲：文王騂牛一，武王騂牛一㊶。王命作冊逸祝冊，惟告周公其後㊷。王賓，殺、禋，咸格，王入太室祼㊸。王命周公後，作冊逸誥，在十有二月，惟周公誕保文武受命，惟七年㊹。

【註釋】 ㊶戊辰，成王七年十二月晦日：劉歆三統曆說。烝，冬祭。祭歲，祈年也：尚書故說。騂

（ㄒㄧㄥ），赤色。㊷作册，官名；蓋猶今之秘書。逸，人名；即史佚。祝冊，宣讀禱告之冊文。惟，為。告，謂告於文王武王之神。後，謂留後之事。㊸賓，讀為儐；謂迎神也。殺，殺牲；禋，禋祀：雒誥解說。咸格，謂神皆已降臨。太室，寢廟中央之大室也。說詳王國維明堂廟寢通考。祼（ㄍㄨㄢˋ），以秬鬯灌地。㊹末三句先紀月，再紀事，最後紀年；殷周間記事之體例如此。王國維雒誥解有說。

【譯文】戊辰日，王在新城，舉行烝祭以祈禱豐年：祭文王用了一頭紅色牛，祭武王也用了一頭紅色牛。王命令作冊之官名逸的來宣讀禱告文，為了報告周公留在後方的事。王迎神、殺牲、燎牲，（神靈）都降臨了，王就進入了中央的大房間，把酒澆在地上。王命周公留在後方，這事是作冊逸報告神靈的，時間是在十二月，周公在維護著文王武王所接受之天命（意謂輔佐王室），是（成王的）七年。

多　士

本篇乃成王遷殷頑民於雒邑，周公以王命告之之辭。篇中屢見多士之語，因以名篇。

惟三月，周公初于新邑洛，用告商王士㊀。

【註釋】㊀三月，當為成王七年之三月。召誥言周公於三月甲子，以書誥庶殷；殆即此文。洛，應作雒。按：士，泛指各級官員；非專謂大夫士之士。商王士，故商王之官吏。

【譯文】（成王七年）三月，周公第一次在雒邑這新城裡，來告誡商王（所遺留）的官員們。

王若曰：「爾殷遺多士㈡！弗弔，旻天大降喪于殷；我有周佑命，將天明威，致王罰，勑殷命終于帝㈢。肆爾多士，非我小國敢弋殷命，惟天不畀允罔固亂，弼我；我其敢求位㈣？惟帝不畀，惟我下民秉為，惟天明畏㈤。

【註釋】㈡遺，留。㈢王國維謂：弗弔，猶言不幸。降喪，降下喪亡之禍。尚書故謂：佑，配也。命，天命。將，行。明，謂褒善。威，謂罰惡。致，推行。王罰，王者之罰。勑，令；使。終于帝，意謂承上帝之意而終止之。㈣肆，語詞。弋，取。畀，與。允，佞。罔，誣。固，蔽。亂，惑。四義皆孫疏說。弼我，言天輔助我周人。其，豈。位，指王位言。㈤尚書故謂：秉，順。為，化。畏，讀為威。

【譯文】王如此說：「你們殷朝所遺留下的眾官員們！不幸得很，老天嚴重地降下滅亡之禍給殷朝；我們周人能配合天命，照著老天表揚善人懲罰惡人的（意旨），推行王者的懲罰，使殷的命運在上帝（面前）結束了。所以你們這許多官員們（要知道），這不是我們小小的周國敢奪取殷國的命運，只是老天不把天下給予那諂佞、誣罔、蔽塞、迷亂的人，而來輔佐我們；我們那裡敢來爭取你們的王位？只是（因為）上帝不（把國運）給與（你們），只是（因為）我們的百姓們能順從教化，只是（因為）老天是表揚善人懲罰惡人的。

我聞曰：『上帝引逸。』有夏不適逸，則惟帝降格，嚮于時夏㈥。弗克庸帝、大淫泆，有辭；惟時天罔念聞，厥惟廢元命，降致罰。乃命爾先祖成湯革夏，俊民甸四方㈦。自成湯至于帝乙，罔不明德恤祀；亦惟天丕建，保乂有殷；殷王亦罔敢失帝，罔不配天，其澤㈧。在今後嗣王，誕罔顯于天，矧曰其有聽念于先王勤家？誕淫厥泆，罔顧于天顯民祗。惟時上帝不保，降若茲大喪㈨。惟天不畀不明厥德；凡四方小大邦喪，罔非有辭于罰㈩。」

【註釋】㈥引，引導。逸，安樂：以上皆便讀說。不，讀為丕；語詞。適，合度。降格，神靈降臨；引申為降福之意。嚮，向；往。按：時夏、時周等語，詩書中習見。時當為「逢時」義；時夏，謂逢時之夏也。㈦庸，用。帝，謂帝命。淫，過度。泆，樂。有辭，謂有罪狀也：孫疏說。惟時，猶言於是。念，眷念。按：聞，恤問也；述聞說詩葛藟「亦莫之聞」，其義如此。元命，大命；謂國運。保革，更改。俊民，謂才智之士。甸，治理。㈧恤，與卹通；慎也。丕，語詞。建，謂建立殷國。保乂，猶言保護。失帝，謂違失帝命。配天，謂配合天意。其，猶乃也：說見釋詞。澤，光潤；此謂國勢光澤。㈨今後嗣王，指紂言。誕，語詞。矧，況。尚書故云：「聽，察也。」誕、厥，皆語詞。天顯，古成語；猶言天道。已見康誥。尚書故云：「民祇，猶民病也。」時，是。若玆大喪，謂亡國。㈩不明厥德，謂不能昭明其德之人。

【譯文】 我聽見說：『上帝是引導著（人們）安樂的。』夏朝能夠適度地享樂，上帝就降臨下來，前往逢時的夏朝。（後來桀）不能依照上帝的命令，太過度地享樂，有了罪狀；於是老天就不再來關心他、憐憫他，而廢除了他的國運，把懲罰降給了他。就命令你們的祖先成湯革了夏的命，任用傑出的人才來統治天下。從成湯直到帝乙，沒有不昭明其德而謹慎於祭祀的；也就因此老天建立了、保護了殷國；殷王們也沒有一個敢違背上帝的命令，沒有一個不配合著天意的，於是（殷的國勢）就很光潤。到了現在這繼位的君王（紂），不能使他的品德顯揚在天上，何況說他還能覺察考慮殷先王為國家勤勞的情形？他過度地享樂，不顧天理和人民的痛苦。於是上帝就不再保護他了，降下這麼大的滅亡之禍來。這只是老天不把國運給予那品德不昭明的人；凡是天下的小國大國之所以滅亡，沒有不是由於有了罪狀而應受懲罰的。」

王若曰：「爾殷多士！今惟我周王，丕靈承帝事。有命曰：『割殷！』告勑于帝㈡。惟我事不貳適，惟爾王家我適㈢。予其曰，惟爾洪無度；我不爾動，自乃邑。予亦念天即于殷大戾，肆不正㊂。」

【註釋】㊁丕，語詞。靈，善。帝事，上帝所命之事。割，奪；已見湯誓。勅，令。㊂事，謂征伐之事。貳，另外。適，往。㊂洪，大。度，法度。動，騷動。邑，指殷國言。即，就。戾，罪也；義見爾雅。肆，故。不，讀為丕；語詞。正，執而正其罪也；義見周禮大司馬鄭注。

【譯文】王如此說：「你們殷的眾官員們！現在只有我們周王，能好好地承擔上帝賦與的使命。有命令說：『奪取殷國！』（這命令）是由上帝宣布下來的。那麼，我的任務不是到另外的地方去，只是到你們殷王的國家去。我要說，是你們太不合法度了；我們並沒擾亂你們，（這擾亂）是由你們本國造成的。我也考慮到老天要給殷以嚴厲的罪責，所以我來糾正你們。」

王曰：「猷，告爾多士。予惟時其遷居西爾。非我一人奉德不康寧，時惟天命㊃。無違！朕不敢有後，無我怨㊄。惟爾知惟殷先人有冊有典，殷革夏命㊅。今爾又曰：『夏迪簡在王庭，有服在百僚㊆。』予一人惟聽用德，肆予敢求爾于天邑商。予惟率肆矜爾；非予罪，時惟天命㊇。」

【註釋】㊃猷，發語詞。惟時，於是。其，猶乃也。遷居西爾，指遷殷人於雒邑言。奉，猶秉也：

孫疏說。時，是。⑮無，勿。有，猶或也：釋詞說。後，遲。⑯典，大冊。冊典，即書籍。⑰按：夏，謂夏士。迪，攸；語詞。簡，選擇；此謂選用。王庭，謂殷王之朝廷。服，職務。百僚，百官。⑱聽，聽從。德，謂有德者。肆，故。求，覓取。卜辭中習見大邑商之辭，亦有作天邑商者。天，或是大之訛。率，用。肆，語詞。矜，憐憫。

【譯文】王說：「嗯，告訴你們這些殷的眾官員們。我於是就把你們遷到西方來。這並不是我個人秉賦的性行不好安寧，這是老天的命令。你們不要違背（我這措施）！我是不敢遲緩的，你們不要抱怨我。你們知道殷的祖先有大小的書冊，（在那書籍裡曾記載著）殷國革掉了夏的國運。現在你們又說：『當年夏的官員們被選用於殷的朝廷裡，都有職位在各種官員中。』我個人也是聽從著（你們的意見）來任用（你們之中）有德行的人，所以我到這大的城邑商來訪求你們。我乃是憐憫你們；並不是我的罪過，這乃是老天的命令。」

王曰：「多士！昔朕來自奄，予大降爾四國民命⑲。我乃明致天罰，移爾遐逖；比事臣我宗，多遜⑳。」

【註釋】⑲奄，國名，後為魯地。降，謂發布。四國，四方之國，猶言天下。命，命令。⑳遐、逖（ㄊㄧˋ），皆遠也。比，親近。事，侍奉。我宗，謂我姬氏；即我周。遜，順。

【譯文】王說：「眾官員們！以前我從奄回來，我曾廣泛地發佈給你們天下的百姓一個命令。我就明白地推行老天對你們的懲罰，把你們遷移到遙遠的地方；（你們要）親近地侍奉我們周王朝，要多多地恭順。」

王曰：「告爾殷多士！今予惟不爾殺，予惟時命有申㉑。今朕作大邑于茲洛，予惟四方罔攸賓。亦惟爾多士攸服，奔走臣我，多遜㉒。爾乃尚有爾土，爾乃尚寧幹止㉓。爾克敬，天惟畀矜爾；爾不克敬，爾不啻不有爾土，予亦致天之罰于爾躬㉔。今爾惟時宅爾邑，繼爾居，爾厥有幹有年于茲洛，爾小子，乃興從爾遷㉕。」

【註釋】㉑時命，謂「不爾殺」之命令。有，又；重。申，述。㉒惟，為。賓，服也：義見爾雅。服，服從。奔走，意謂勤勉。㉓幹，身體。寧幹，猶言安身；孫疏有說。止，語已詞。㉔敬，謹。畀矜，猶言賜憐。不啻，不但。㉕時，是。宅，居。宅爾邑，謂使爾有邑可居。有幹，謂保全其身。有年，謂永年。興，起。

【譯文】王說：「告訴你們殷的眾官員們！現在我不殺害你們，我把這命令再申述一次。現在我建了一個大城在這雒地，我是因為天下還不服從我們周朝。也只有（希望）你們眾官員們服從我們，勤勉地臣服於我們，要多多地恭順。你們還可以保有你們的土地，你們還能（保著）安寧的身體。你們若能謹慎，老天就會賜給你們憐憫；你們如果不能謹慎，那麼，你們不但不能保有你們的土地，我還要推行老天的懲罰在你們身上。現在你們還是居住在你們的城邑（仍舊有城邑可住），還繼續著你們的居處（繼續有房室可居），你們還能保全你們的身體永久地在這雒邑，你們的青年子孫，也將起來，隨從著你們遷移。」

王曰：又曰：「時予乃或言，爾攸居㊅。」

【註釋】㊅江聲謂：王曰下當有脫文。孫疏謂：時，今時也。唐石經或言之間有誨字，與偽孔傳「教誨之言」相合；是今本脫誨字：段玉裁有說。居，安也；義見呂氏春秋高誘注。

【譯文】王說……又說：「現在我教誨你們這番話，（希望）你們安定地住下。」

無　逸

逸，安逸；無逸者，勿安逸也。本篇旨在戒逸樂，故以名篇。史記以此為周公戒成王之書。按：篇中言長壽之君，於周則僅及文王；且不以沖子、孺子等辭稱時王。然則，或亦可能為周公進戒武王之書也。無逸，漢石經作毋劮；尚書大傳作毋佚。

周公曰：「嗚呼！君子所其無逸。先知稼穡之艱難，乃逸；

則知小人之依㈠。相小人，厥父母勤勞稼穡，厥子乃不知稼穡之艱難，乃逸乃諺既誕㈡。否則侮厥父母曰：『昔之人，無聞知㈢！』」

【註釋】㈠君子，謂有官位者。所，語詞：說見釋詞。小人，民眾。述聞謂：依，隱也；隱痛也。㈡相，視。孫疏謂：漢石經諺作憲。憲，欣樂也。誕，妄。㈢否，古與丕通。周書中屢見「丕則」之語；「丕則」，猶「於是」也。覈詁有說。昔之人，猶言古老之人。無聞知，猶言無知識。

【譯文】周公說：「唉！在官位的人可不要享樂呀。先要了解耕種收穫的艱難，然後再去享樂；那你就知道民眾的痛苦了。看看有些民眾們，他們的父母勤勞地耕種收穫，兒子們卻不知道耕種收穫的困難，因而就安逸、就享樂，已經夠荒唐了。於是就來侮辱他們的父母說：『（你們）古老的人，沒有什麼知識！』」

周公曰：「嗚呼！我聞曰，昔在殷王中宗，嚴恭寅畏，天命自度，治民祗懼，不敢荒寧。肆中宗之享國，七十有五年㈣。其在高宗，時舊勞于外，爰暨小人。作其即位，乃或亮陰，三年不言；其惟不言，言乃雍。不敢荒寧，嘉靖殷邦。至於小大，無時或怨。肆高宗之享國，五十有九年㈤。其在祖甲，不義惟王，舊為小人。作其即位，爰知小人之依；能保惠于庶民，不敢侮鰥寡。肆祖甲之享國，三十有三年㊅。自時厥後，立王生則逸；生則逸，不知稼穡之艱難，不聞小人之勞，惟耽樂之從。自時厥後，亦罔或克壽：或十年，或七八年，或五六年，或四三年㊆。」

【註釋】㊃中宗，祖乙也；王國維據甲骨文資料、及太平御覽所引竹書紀年證知之。史記及鄭玄詩箋以為太戊，非是。嚴，莊重。寅，敬謹。度，忖度。祗，敬謹。荒寧，古成語，謂過於逸樂。享，猶受也：便讀說。享國，謂在位。有，又。㊄高宗，武丁。時，中論引作寔；實也。舊，久。馬融云：「武丁為太子時，其父小乙使行役，有所勞苦於外」（見史記集解）。故云久勞於外。暨，與。作，猶及也：釋詞說。亮陰（ㄢˋ）論語作諒陰，禮記喪服四制作諒闇，尚書大傳作梁闇。鄭玄云：「楣，謂之梁，闇，謂廬也。小乙崩，武丁立，憂喪三年之禮，居倚廬柱楣，不言政事。」是謂亮陰為居喪也。其說與論語合。呂氏春秋則謂諒闇不言為天子應慎言，而非居喪。茲採其說。馬融謂：亮，信也。陰，默也。雍，和。嘉，美善。靖，安靜：便讀說。小，謂年幼者。大，謂年長者。時，是；指高宗言。五十有九年，史記作五十五年，漢石經作百年，未詳孰是。㊅祖甲，武丁子。馬融謂：武丁欲立祖甲而廢其兄祖庚；祖甲以廢長立少為不義，乃逃亡民間（見史記集解）。故云不義惟王。惟，猶為也。依，見注㊀。惠，愛。㊆時，是。厥，猶之也：釋詞說。耽（ㄉㄢ），過於逸樂。之，是。

【譯文】　周公說：「唉！我聽見說，以前殷王中宗，他莊嚴恭敬謹慎而又畏懼，他自己忖度老天賦與他的任命，統治人民非常地謹慎和戒懼，不敢過度地安樂。因此中宗享受國運（在位）七十五年。到了高宗，他實際上久在民間勞動，和百姓們在一道。到了他即位時，他真實地沉默，在三年中不曾說話；他只是不說就是了，一說出來，（大家聽來）就非常和諧。他也不敢過度享樂，使殷國美好寧靜。不論青年或老年人，對於他沒有一點抱怨。所以高宗享受了五十九年的國運。到了祖甲，他以為自己作君王是不合理的，因而他作了很久的平民。等到他即位時，就了解人民的痛苦，而能保護愛憐百姓們，連孤苦無告的人也不敢欺侮。所以祖甲享有國運達三十三年。從此以後，所立的君王一出生就安逸；一出生就安逸，所以不知道耕種收穫的艱難，也不知道人民的辛苦，只尋求過度的逸樂。從此以後，（那些王）也沒有能享高壽的了：（他們在位的時間）或者十年，或者七八年，或者五六年，或者三四年。」

周公曰：「嗚呼！厥亦惟我周太王、王季，克自抑畏㊇。文王卑服，即康功田功。徽柔懿恭，懷保小民，惠鮮鰥寡㊈。自朝至于日中昃，不遑暇食，用咸和萬民㊉。文王不敢盤于遊田，以庶邦惟正之供。文王受命惟中身，厥享國五十年⑪。」

【註釋】 ㈧太王，王季之父。王季，文王之父。抑，猶自貶自屈也：便讀說。畏，謂敬畏天命。㈨卑服，謂惡衣服：蔡傳說。即，就。康，與荒通；謂野外荒地：覈詁說。功，事。簡朝亮尚書集註述疏云：「徽，和也。」懿，美。懷保，保護。惠，愛。鮮，與斯通；此也。㈩昃（ㄗㄜˋ），同昃，日西斜。日中昃，謂自日中至日昃。咸，讀為諴；和也。㈡盤，樂也：義見爾雅。田，畋獵。以，猶與也：述聞說。惟正之供，國語楚語引此語「正」作「政」；「供」，作「恭」。之，猶是也。此受命，謂繼承其父之位。中身，中年。據禮記文王世子，文王年九十七而終；則其即位之年，當為四十八。呂氏春秋（制樂篇）及韓詩外傳（卷三）皆謂文王在位五十一年；故偽孔傳謂文王即位時年四十七。此言五十年，蓋舉成數言之。

【譯文】 周公說：「唉！只有我們周的太王、王季，能委屈自己敬畏天命。文王穿著卑劣的衣服，從事荒野田畝的工作。他和柔、善良、而又恭敬，保護民眾，愛護孤苦無告的人。從清晨到中午乃至到下午，他都沒工夫吃飯，以求與民眾們處得融洽。文王不敢樂於遊玩打獵，而和各國只是恭謹地辦理政治。文王在中年的時候接受了君位，他享有國運五十年。」

周公曰：「嗚呼！繼自今嗣王，則其無淫于觀、于逸、于遊、于田，以萬民惟正之供㈢。無皇曰：『今日耽樂。』乃非民攸訓，非天攸若，時人丕則有愆㈢。無若殷王受之迷亂，酗于酒德哉㊃！」

【註釋】㊂繼自今，謂自今以後。淫，過度。觀，臺榭之樂：便讀說。㊂尚書故謂：皇，遽也。攸，所。平議謂：訓，順也。若，順。時，是。丕則，於是。愆，過。㊃受，紂名。酗，謂過度飲酒。德，行為。

【譯文】周公說：「唉！從今以後繼承（先王）的君主，可不要過分地沉醉於臺榭之樂、以及安逸、遊玩、田獵，而要和民眾們恭謹地辦理政事。不要遽然地說：『今天大大地享樂一番吧。』（這樣），那就不是百姓們所能順從的，也不是老天所能順從的，這樣的人那就有罪過了。不要像殷的國君受那樣迷惑昏亂，那樣過度地飲酒的行為啊！」

周公曰：「嗚呼！我聞曰：『古之人猶胥訓告，胥保惠，胥教誨；民無或胥譸張為幻㊄。』此厥不聽，人乃訓之；乃變亂先王之正刑，至于小大。民否則厥心違怨，否則厥口詛祝㊅。」

【註釋】㊄胥，相。訓告，猶言勸導。惠，愛。譸（ㄓㄡ）張，欺詐。幻，以假亂真。㊅聽，從。人，指官吏言。訓，順。正，政。刑，刑法。小大，指正刑言。否，讀為丕。丕則，於是。違，恨也；義見韓詩。詛（ㄗㄨˇ）祝，詛咒。

【譯文】周公說：「唉！我聽見說：『古時的人還要互相勸導，互相保養愛護，互相教誨；（因此）人們就沒有互相欺詐造假的。』對於這道理若不聽從，官員們就都順從了（壞風氣）；就變更和混亂了先王的政治刑法，以至於小的和大的（法度）。人們於是就心中怨恨，於是就口中詛咒了。」

周公曰：「嗚呼！自殷王中宗，及高宗，及祖甲，及我周文王，茲四人迪哲⑰。厥或告之曰：『小人怨汝詈汝。』則皇自敬德。厥愆，曰：『朕之愆，允若時。』不啻不敢含怒⑱。此厥不聽，人乃或譸張為幻。曰：『小人怨汝詈汝。』則信之。則若時，不永念厥辟，不寬綽厥心；亂罰無罪，殺無辜。怨有同，是叢于厥身⑲。」

【註釋】⑰迪，與攸通；語詞。哲，明智。⑱小人，民眾。詈，罵。皇，遽。敬德，謹慎於行為。愆，過失。允，誠然。時，是。不啻，不但。⑲永，久遠。辟，法。綽，緩。同，會合。叢，聚集。

【譯文】周公說：「唉！從殷王中宗，到高宗，到祖甲，以及我們周文王，這四個人是明智的。若有人來告訴他們說：『百姓們在怨恨你、責罵你。』他們就立刻謹慎於自己的行為。（若是）他們的過錯，就說：『我的過失，真是這樣。』不但不敢生氣。這種道理假如不聽從，官員們就互相欺詐作偽了。有人說：『百姓們在怨恨你、責罵你。』君主就相信了這話。這樣，就不深遠地去考慮國家的法度，也不能使自己的心胸寬大和緩；於是就胡亂地懲罰沒有過失的人，胡亂地殺害沒有罪惡的人。（結果）怨恨會合起來，就聚集到他身上。」

周公曰：「嗚呼！嗣王其監于茲㈢！」

【註釋】㈢監、與鑑同義。

【譯文】周公說：「唉！（你這）先王的繼承者可要把這番話作為鑑戒呀！」

君奭

本篇所記，皆周公告召公之言；開首即有君奭二字，故以名篇。史記謂周公攝政，召公疑之，因作本篇。然篇中實未見有召公疑周公之語，只是史官記周公勉召公共輔成王之言耳。

周公若曰：「君奭㈠！弗弔，天降喪于殷，殷既墜厥命，我有周既受。我不敢知曰，厥基永孚于休㈡；若天棐忱，我亦不敢知曰，其終出于不祥㈢。

【註釋】㈠君，尊稱。奭（ㄕˋ），召公名。說文謂奭讀若郝；此從俗讀。召公，姬姓；或以為文王子，或以為文王從子，或以為周之支族，尚無定論。㊁敢，語詞。基，業也：覈詁說。孚，尚書故讀為符，合也。休，與麻同；福祥也。㊂若，與越通；語詞。棐忱，不可信賴也；已見大誥。祥，吉。

【譯文】周公如此說：「君奭！不幸得很，老天降下了滅亡給殷朝，殷朝已喪失了他的國運，我們周朝已接受了（他的國運）。我可不知道，我們的功業會不會永遠合於吉祥；老天是不可信賴的，我可也不知道，我們將來會不會終於走到不吉祥的路上去。

嗚呼！君！已曰時我㊃。我亦不敢寧于上帝命，弗永遠念天威，越我民；罔尤違、惟人㊄。在我後嗣子孫，大弗克恭上下，遏佚前人光在家；不知天命不易、天難諶，乃其墜命，弗克經歷嗣前人恭明德㊅。在今予小子旦，非克有正；迪惟前人光，施于我沖子㊆。」

【註釋】㊃君，指君奭言。時，善。㊄寧，意謂安享。越，與。違，恨。罔尤違惟人，謂人無怨恨之者。㊅上下，謂天地。遏，絕。佚，失。光，謂光顯之德業。不易，不容易。諶（ㄔㄣˊ），信賴。天難諶，義與若天棐忱同。尚書故謂：經歷者，長久也。㊆正，善也：尚書故說。迪惟，發語詞。沖子，指成王言。

【譯文】唉！君！（老天）已經認為我們善良了。我們就不敢安然享受上帝（所給）的命運，也不敢不永遠地顧慮著老天的威怒，以及我們的民眾；（這樣）人們才不至於怨恨。要是我們後世的子孫，過度地不能尊敬天地，斷絕了失掉了祖先的光彩在（我們的）國家；他不了解天命是不容易（保持）的，天是難以信賴的，那麼，就會失掉了國運，就不能永久繼承著祖先那恭敬而光明的品德。現在我這青年人旦，不能有什麼長處，我只是把祖先的光彩，來施給我們這年輕的君王就是了。」

又曰：「天不可信，我道惟寧王德延，天不庸釋于文王受命㈧。」

【註釋】㈧信，信賴。道，馬融本及魏石經皆作迪。迪惟，發語詞。寧王，文王。延，續。釋，捨。庸釋之詞，又見於多方。覈詁謂：庸釋，猶捨棄也。

【譯文】又說：「老天是不可信賴的，我們只要把文王那種美德延續下去，老天就不會廢棄文王所受之天命（國運）的。」

公曰：「君奭！我聞在昔，成湯既受命，時則有若伊尹，格于皇天㈨。在太甲，時則有若保衡㈩。在太戊，時則有若伊陟、臣扈，格于上帝；巫咸，乂王家㈡。在祖乙，時則有若巫賢㈢。在武丁，時則有若甘盤㈢。率惟茲有陳，保乂有殷；故殷禮陟配天，多歷年所㈣。天惟純佑命，則商實百姓王人，罔不秉德明恤；小臣屏侯甸，矧咸奔走⑮。惟茲惟德稱，用乂厥辟⑯。故一人有事于四方，若卜筮，罔不是孚⑰。」

【註釋】⑨伊尹，名摯。格于皇天，意謂其德能感動天帝。⑩太甲，湯孫。保衡，舊以為伊尹。按：保似為官名，衡乃人名。其人不可考，疑即詩商頌之阿衡。⑪太戊，太甲孫。伊陟，伊尹子。臣扈，似非書序所謂湯時之臣扈；蓋湯時之臣扈，至太戊時不得尚在也。孫疏有說。述聞謂：巫咸，當作巫戊。乂，治。⑫祖乙，史記以為河亶甲子；王國維據卜辭證知為仲丁子。是也。巫賢，偽孔傳以為巫咸子。⑬武丁，殷高宗。甘盤，武丁臣。盤，古通般；故史記作甘般。⑭率，用；因為。陳，謂位列：尚書故說。有陳，言在官位。殷禮，指殷之祀禮：孫疏說。陟，升也；謂帝王之歿：義見竹書紀年。配天，謂祭天而以先王配之。歷，經。所，語詞。⑮純佑，古成語。金文如克鼎、頌段等，皆作屯右。純，專也。佑，助也。此純佑作名詞用，謂輔佐之臣。命，意謂與之。實，通是：王樹枏尚書商誼說。百姓，百官。江聲謂：王人，王之同宗之臣。恤，憂。小臣，臣之微者：王肅說（見正義）。屏，應從魏石經作并。矧，亦。咸，皆。奔走，意謂勤勉。⑯茲，指上述諸臣。稱，舉；行。乂，保。辟，君；指殷王言。一人，謂天子。孚，信。

【譯文】公說：「君奭呀！我聽說以前的時候，成湯既已接受了天的任命，那時就有像伊尹這樣的人，能以精誠感動了偉大的老天降臨。在太甲，那時就有像保衡這樣的人。在太戊，那時就有像伊陟、臣扈這樣的人，能以精誠感召上帝降臨；還有巫咸這人，來保護王朝。在祖乙，那時又有像巫賢這樣的人。在武丁，那時也有像甘盤這樣的人。因為有這些人在官位，保護殷國；所以殷代的祭禮，當君主死後，他的神靈就配合著天帝享受祭祀，經歷了許多年代。老天是把輔佐的忠臣賜給殷王的，於是商的一般官員們和王的同宗官員們，就沒有不保持著美德、和瞭解憂患的；（在君主左右的）微賤官員以及諸侯們，也都能勤勉地服務。因為這些官員們實行美德，用來保護他們的君王。所以殷天子只要對四方（天下）有所作為，（他的政令）就像用龜卜和用蓍占卦一般，沒有人不信賴他的。」

公曰：「君奭！天壽平格，保乂有殷；有殷嗣，天滅威㈦。今汝永念，則有固命，厥亂明我新造邦㈧。」

【註釋】 ㈦壽，當讀為疇。疇，昔也。平，當為丕之訛。皆覈詁說。丕，語詞。有殷嗣，指殷嗣夏言。天滅威，謂天不降災禍於殷。㈧固，定也；義見國語晉語韋注。述聞謂：亂，應作率；用也。明，光顯。

【譯文】 公說：「君奭！老天以往曾經降臨，保護殷國；因而殷就繼承著夏代，老天就消失了威怒。現在你必須永遠想著這事，那麼我們才有固定的命運，才能來光顯我們新成立的國家。」

公曰：「君奭！在昔，上帝割申勸寧王之德，其集大命于厥躬㈨。

惟文王尚克修和我有夏，亦惟有若虢叔，有若閎夭，有若散宜生，有若泰顛，有若南宮括⑳。又曰：無能往來茲迪彝教，文王蔑德降于國人㉑。亦惟純佑秉德，迪知天威，乃惟時昭文王；迪見冒聞于上帝，惟時受有殷命哉㉒。

【註釋】⑲割，蓋也；義見禮記緇衣鄭注。申，重複。勸，禮記緇衣引作觀。寧王，緇衣引作文王。其，猶乃也：釋詞說。集，謂落到……上。大命，國運。厥躬，其（文王）身。⑳修，行。和，和洽。有夏，謂周也：尚書故說。虢叔等五人，皆文王賢臣。㉑王樹枏尚書商誼謂：又曰，猶言有曰。按：猶今語如果說。往來，猶言奔走。茲，如此。迪，用。彝，常。蔑，無。㉒亦惟，仍指虢叔等言。純佑，專意輔佐；見前。迪，攸。惟時，於是。孫疏謂：昭，同詔，勴（ㄌㄩˋ）也；輔導也。迪，用。見，猶被也。冒聞，上聞。

【譯文】公說：「君奭！在以往的時候，上帝大概是重複地觀察文王的品德，於是就把國運降到他身上了。文王尚且能夠修行和睦的教化在我們周國，也還有像虢叔，像閎夭，像散宜生，像泰顛，像南宮括這樣的人。如果說：他們不能勤勉地這樣地遵循著法教，那文王就沒有恩德降給國民了。也只有這五個人專心一志地輔佐（王朝）而且能保持著美德，（他們）知道老天懲罰（人們的原因），於是輔導著文王；（這情形）被上帝聽見了，於是（文王）就接受了殷國的命運。

武王惟茲四人，尚迪有祿㉓。後暨武王，誕將天威，咸劉厥敵㉔。惟茲四人昭武王，惟冒，丕單稱德㉕。

【註釋】㉓孫疏謂：武王時虢叔已死，故云茲四人。迪，攸。死者謂之無祿或不祿；故有祿謂尚在也：參林之奇（尚書故引）及覈詁說。㉔暨，與。誕，語詞。將，奉行。咸，皆。劉，殺。㉕昭，輔導。參注㉓。冒，勉。丕，語詞；猶乃也。單，大。稱，行。

【譯文】武王時只有這四個人，還生存著。後來他們和武王，來奉行老天的懲罰，把他們的敵人通通殺了。也只有這四個人輔導著武王，奮勉地（作事），於是大大地施行了恩惠。

今在予小子旦，若游大川、予往暨汝奭其濟㉖。小子同未，在位誕無我責㉗。收罔勖不及，耇造德不降；我則鳴鳥不聞，矧曰其有能格㉘？」

【註釋】㉖濟，渡過。㉗同未，與詷昧、童昧同義；言年幼無知也：尚書故說。在位，謂官吏。誕，語詞。無我責，謂無人責我也：本駢枝說。㉘收，疑當作攸；駢枝說。勖，勉。不及，謂行事不周到。耇，老。造，至。

【譯文】現在我這青年人旦，就好像渡過一條大河一般，我去（渡水）和你奭一起，才能渡過去。

我這青年人是愚昧無知的，而在職的官員們却沒有人來責備我。我所做不到的，竟沒有人來勉勵我；我已老了，却不能把德惠降給人民。（這樣說來，）我連鳥叫的聲音都聽不到，何況說我還能感動神明使他降臨嗎？」

公曰：「嗚呼，君！肆其監于茲。我受命無疆惟休，亦大惟艱。告君乃猷裕，我不以後人迷㊈。」

【註釋】㊈乃，猶厥也。猷裕，道也；參康誥。以，使。

【譯文】公說：「唉，君！對上述這些話，你要加以正視。我們周人接受了國運，是無窮無盡的吉祥，也是非常重大的艱難。告訴君這個道理，我們不要使後代子孫迷惑。」

公曰：「前人敷乃心，乃悉命汝，作汝民極㊉。曰：『汝明勖偶王，在亶。乘茲大命。惟文王德丕承，無疆之恤㊀。』」

【註釋】㊉前人，謂武王：江聲說。敷，布。悉，詳盡。作，猶言造就。極，準則。㊀明勖，黽勉。孫疏謂：偶，侑也；輔也。亶，誠。乘，孫疏訓為承。大命，謂天命。之，是。恤，憂。

【譯文】公說：「前人（武王）曾經宣布他的心意，曾詳盡地告訴你，為了把你造成人民的表率。他說：『你要奮勉地來輔佐君主，要忠實。承受這天賜的命運，只有繼承著文王的德行，和無窮無盡的憂慮（要永遠地憂慮國事）。』」

公曰：「君！告汝朕允㉜。保奭！其汝克敬以予監于殷喪大否，肆念我天威㉝。予不允惟若茲誥，予惟曰襄我二人㉞。汝有合哉，言曰：『在時二人㉟。』天休滋至，惟時二人弗戡。其汝克敬德，明我俊民，在讓後人于丕時㊱。嗚呼！篤棐時二人，我式克至于今日休㊲。我咸成文王功于不怠，丕冒；海隅出日，罔不率俾㊳。」

【註釋】㉜允，誠。㉝保，太保。敬，謹。以，與。否，不善。肆，語詞。我天威，意謂我若為惡亦將遭受天之懲罰。㉞允，用也：覈詁說。襄，助。我二人，謂己及召公。㉟合，指意志相合。時，是。㊱休，與庥義同，福慶也。滋，益；猶言盛多。戡，與堪通，勝也。明，揚；舉用。俊民，謂才智之士。讓，讀為襄，輔助也。丕，語詞。時，善。㊲篤，誠懇。棐，輔。式，用。㊳咸，皆。功，事。冒，勉。海隅出日，指日出之海濱；意謂荒遠處。罔不率俾，無不順從也；述聞說。

【譯文】公說：「君！我真誠地告訴你。太保奭！你要能夠謹慎地和我以殷人的滅亡這種大不好的事作為鑒戒，從而顧慮我們也可能遭到的天的懲罰。我不用再如此地告訴你了，我只是說各官員們要來協助我們兩人。你和我的意見是相合的，你說：『是在（我們）這兩人身上。』老天賜予我們的幸福豐盛地到來，於是我們兩個人就不能勝任。你可要謹慎於你的德行，提拔我們的傑出的人才，（目的是）在輔助後人走到美善的境界。唉！（因為官員們）誠懇地輔佐（我們）這兩個人，所以我們（周人）才能到達今天的幸福境地。我們都要不懈怠地成就文王的功業，奮勉地（作去）；那麼就是海濱日出的荒遠地方，也沒有不服從我們的。」

公曰：「君！予不惠若茲多誥，予惟用閔于天越民㊴。」

【註釋】㊴惠，惟。閔，憂。越，與。

【譯文】公說：「我也不這樣地多多勸告你了，我只是因為憂慮老天（降罰）以及百姓們（受難）而已。」

公曰：「嗚呼，君！惟乃知民德，亦罔不能厥初，惟其終㊵。祇若茲，往、敬用治㊶。」

【註釋】㊵乃，汝。德，性情行為。初，謂事之始。終，謂善終。㊶祇，但只。往，謂自今以往。

【譯文】公說：「唉，君呀！你是知道民眾的性情行為的，他們開始沒有不好的，只看他們有沒有好的結果。（我所要勸告你的）不過像上述的這些，從今以後，謹慎地從事政治吧。」

多　方

甲骨文及西周文獻，常謂「國」曰「方」；「多方」一辭，亦屢見於甲骨文。多方，猶言衆國也。本篇雖云：「告爾四國多方」；實周公以成王命誥東土諸國之辭，乃為殷遺民而作也。

惟五月丁亥，王來自奄，至於宗周㈠。

【註釋】㈠五月，覈詁謂當為周公監雒後五年之五月；故文中有「奔走臣我監五祀」之語。尚書大傳謂此五月屬周公攝政三年，而史記則屬之七年周公反政之後；二說茲皆不取。宗周，鎬京。

【譯文】五月丁亥日，王從奄回來了，到了宗周。

周公曰：「王若曰：『猷，告爾四國多方，惟爾殷侯尹民㈡。我惟大降爾命，爾罔不知。洪惟圖天之命，弗永寅念于祀㈢。惟帝降格于夏，有夏誕厥逸，不肯慼言于民；乃大淫昏，不克終日勸于帝之迪：乃爾攸聞㈣。厥圖帝之命，不克開于民之麗；乃大降罰，崇亂有夏，因甲于內亂㈤。不克靈承于旅，罔丕惟進之恭，洪舒于民㈥。亦惟有夏之民，叨懫日欽，劓割夏邑㈦。天惟

時求民主，乃大降顯休命于成湯，刑殄有夏㈧。

【註釋】㈡猷，發語詞。四國，見多士注。惟，猶與也：釋詞說。尹，治也：尚書故引戴鈞衡說。㈢洪惟，發語詞。于省吾謂：圖，當讀為鄙；古圖、鄙同字。寅，敬。㈣降格，神降臨也；意謂降福。誕，大。逸，樂。慼，憂。言，語詞。勸，勉。迪，道。攸，所。㈤圖，讀為鄙。開，釋。麗，羅網；此指法網言。孫疏有說。崇，重。甲，讀為狎；習也；經常也。㈥承，保。靈承，善於保護也。旅，眾。丕，讀為不。孫疏謂：進，讀為賮；財也。之，是。恭，與共通，供也。洪，大。舒，古文作荼（見困學紀聞）。荼，毒害也。㈦叨（ㄊㄠ），說文作饕；貪也。懫（ㄓˋ），說文作懥；忿戾也。欽，與廞通；興也：孫疏說。劓（ㄧˋ），割鼻之刑。劓割，猶言宰割。㈧惟時，於是。顯休命，光顯美好之命。刑，誅。殄，絕。

【譯文】周公說：「王如此說：『嗯，告訴你們天下眾國家，以及你們這些殷國諸侯治理之下的民眾們。我曾大大地發布了一個命令給你們，你們沒有人不知道的。你們鄙棄老天的命令，不能永遠虔敬地關心著祭祀。（以往）上帝降臨到夏朝來，後來夏朝大大地享樂，不肯憂慮民眾們；竟然大大地淫亂昏瞶，不能整天地勉勵於上帝之道：這是你們所聽說過的。他們鄙棄上帝的命令，不肯放開對付民眾的羅網；所以（上帝）就大大地降下了懲罰，使夏朝嚴重地混亂起來，因而夏朝經常地發生內亂。夏朝不能夠善於保護他的民眾，百姓們沒有不盡力進獻財物的，因而深深地毒害了民眾們。以致夏代的民眾，貪財忿恨的風氣一天天地盛行起來，宰割了夏國。老天於是就尋求人民的君主，而大大地降下了光明、美好的命令給成湯，就消滅了夏朝。

惟天不畀純，乃惟以爾多方之義民，不克永于多享(九)。惟夏之恭多士，大不克明保享于民，乃胥惟虐于民；至于百為，大不克開(一〇)。乃惟成湯，克以爾多方，簡代夏作民主。慎厥麗、乃勸，厥民刑、用勸(一一)。以至于帝乙，罔不明德慎罰，亦克用勸。要囚，殄戮多罪，亦克用勸；開釋無辜，亦克用勸。今至于爾辟，弗克以爾多方享天之命(一二)。』

【註釋】(九)畀，予。純，善；指福祥言。以，使。義民，良民。享，受也：便讀說。(一〇)恭，本當作共；與供通。恭多士，謂供職之羣臣。明，勉。保享，猶言保護。胥，相。百為，各種作為。不克開，乃「不克開于民之麗」之省文：便讀說。(一一)簡，與閒通；迭也。簡代，迭代也。平議有說。民主，民之主宰；即天子。麗，刑罰。乃勸，意謂湯能鼓勵人民向善。厥民刑，謂施予民眾以刑罰。用勸，謂用以勸勉民眾為善。(一二)要囚，與幽囚同義；囚禁也。已見康誥。多罪，謂多罪之人。辟，君。爾辟，指紂言。享，受。

【譯文】老天不再把福祥給與他（夏桀），於是致使你們這眾國的善良百姓們，就不能長久地多多地享受（安樂）了。那夏朝供職的官員們，太不能夠勉力地保護民眾，反而互相對民眾施行暴虐；以至於所有的作為，都不肯打開（懲罰民眾的法網）。到了成湯，才能夠和你們各國代替了夏王來作人民的主宰。他慎重他的刑法，所以百姓們都能勉力向善；他對人民施行懲罰，也是用來勉勵百姓的。一直到帝乙，沒有一個不是光顯他的品德慎重他的刑罰的，所以也能夠用以勉勵人民（向善）。監禁罪犯，殺死多罪的人，也能夠用以勉勵人民；把無罪的人赦免了，也能夠用以勉勵人民。現在到了你們的君主，就不能和你們這些國家，來享受老天所賜予的命運了。』

嗚呼！王若曰：『誥告爾多方，非天庸釋有夏，非天庸釋有殷；乃惟爾辟，以爾多方，大淫圖天之命，屑有辭㊂。乃惟有夏，圖厥政，不集于享；天降時喪，有邦間之㊃。乃惟爾商後王，逸厥逸，圖厥政，不蠲烝；天惟降時喪㊄。

【註釋】 ㊂庸釋，捨棄；已見君奭。辟，君。淫，過度。圖，鄙棄。屑，褋碎眾多貌；義見荀子楊倞注。㊃圖，鄙棄。集，就。享，謂享受安樂。有邦，指殷言。間，代。㊄上「逸」字，過也。逸厥逸，謂過於逸樂。圖，鄙棄。蠲（ㄐㄩㄢ），潔。烝，祭也。尚書故說。

【譯文】 唉！王如此說：『告訴你們這許多國家，這並不是老天捨棄夏國，也不是老天捨棄殷國；只是你們的君主，和你們許多國家，太過度地鄙棄了老天的命令，以致造成了很多的罪狀。只是夏國鄙棄他的政治，不趨向於享受安樂（的道路）；天就降下這滅亡（之禍）來，另有國家來代替了夏。你們商代末年的君主，竟然過度地享樂，鄙棄他的政治，不能清潔地舉行祭祀，老天也就降下了這滅亡之禍。

惟聖罔念作狂，惟狂克念作聖⑯。天惟五年須暇之子孫，誕作民主；罔可念聽⑰。天惟求爾多方，大動以威，開厥顧天。惟爾多士，罔堪顧之⑱。惟我周王，靈承于旅，克堪用德，惟典神天⑲。天惟式教我用休，簡畀殷命，尹爾多方⑳。

【註釋】⑯罔，不。念，經常思慮。作，則。克，能夠。⑰此五年，指文王七年至武王十一年之期間：孫疏說。須暇，寬假也：尚書故說。子孫，謂湯之子孫，即紂也。誕，語詞。聽，從。⑱求，意謂問罪。動，驚動。動威，謂降災。開，啟發。顧，顧畏。堪，猶能也。⑲靈承，見注⑦。典，法。⑳式，用。用，以。簡，選擇。畀，與。尹，治理。

【譯文】明哲的人若不常常思慮就會變成了狂妄的人，狂妄的人若能常常思慮就會變成明哲的人。老天以五年的時間寬待商的子孫，讓他（仍然）作人民的主宰；但是他却不能考慮聽從（天意）。老天就尋求（問罪）你們眾國，大大地用災難來驚動你們，為的是啟發你們能顧慮天意。可是你們諸國，竟沒有人能顧慮天意。而我們周王呢，能好好地保護民眾，能夠照著美德（行事），只是效法神明的老天。老天於是就教導我們以福祥之道，選擇了我們而把殷國的命運給了我們，來統治你們眾國家。

今我曷敢多誥？我惟大降爾四國民命，爾曷不忱裕之于爾多方？爾曷不夾介乂我周王，享天之命㈡？今爾尚宅爾宅，畋爾田，爾曷不惠王熙天之命㈢？爾乃迪屢不靜，爾心未愛；爾乃不大宅天命，爾乃屑播天命；爾乃自作不典，圖忱于正㈢。我惟時其教告之，我惟時其戰要囚之，至于再，至于三㈣。乃有不用我降爾命，我乃其大罰殛之㈤。非我有周秉德不康寧，乃惟爾自速辜㈥。』

【註釋】㈡大義謂：忱裕，道告也。夾，輔。介，助。乂，安。以上三字，皆便讀說。㈢畋，平田也：義見說文。平田，即治田。惠，順。熙，光顯。㈢迪，語詞。孫疏謂：愛，惠也；惠，順也。宅，度。屑，通泆；過也。播，棄。典，法。圖，謀。忱，讀為抌；告言不正也。正，謂正道。㈣惟時，於是。戰，與單通；公伐郘鐘「攻戰」作「攻單」。單，讀為殫；盡也。參于省吾及駁詁說。㈤殛，誅。㈥速，召。

【譯文】現在我那裡敢（嘮嘮叨叨地）多勸告你們？我啊（已經）大大地發布過一個命令給你們四方的民眾了，你們為什麼不告訴你們眾國家（的民眾）？你們為什麼不輔助、安定我們周王，來享受老天所賜的命運？現在你們還住在你們的住宅，還治理著你們的田地，你們為什麼不順從王朝來發揚光大老天所給的命運？你們反而屢次不安靜，你們心裡都不順從（我們王朝）；你們也不大大地度量度量天命，你們竟然過度地廢棄天命；你們自己照著不法的行為去作，企圖著煽惑眾人。我於是就來勸導你們，我於是就通通地給監禁起來，以至於兩次，甚至於三次。若還有人再不服從我所發布給你們的命令，那麼我就要大大地懲罰他殺死他。這並不是我們周人的德行不好安寧，乃是你們自己找罪受。』

王曰：『嗚呼！猷，告爾有方多士，暨殷多士㉗。今爾奔走臣我監五祀，越惟有胥伯小大多正，爾罔不克臬㉘。自作不和，爾惟和哉！爾室不睦，爾惟和哉！爾邑克明，爾惟克勤乃事㉙。爾尚不忌于凶德，亦則以穆穆在乃位，克閱于乃邑、謀介㉚。爾乃自時洛邑，尚永力畋爾田；天惟畀矜爾。我有周惟其大介賚爾，迪簡在王庭，尚爾事，有服在大僚㉛。』

【註釋】㉗釋詞謂：有，語詞；有方，猶有邦、有夏、有殷也。㉘周公留雒監殷，故云我監。覈詁有說。五祀，五年。越惟，發語詞。胥，謂繇役；孫疏說。伯當讀為師寰𣪘之貟，財賦也。于省吾說。正，古通征。臬，法。㉙爾邑，指殷人所居之城邑言。大義謂：明，盛也。㉚不，讀為丕；語詞。忌，惡。凶德，惡行。穆穆，美盛。閱，歷久。介，助。㉛時，是。尚，庶幾；希望之詞。天惟畀矜爾，已見多士。介，助。賚，賜。迪簡語已見多士。王庭，指周室言。服，職位。大僚。猶言高位。

【譯文】 王說：『唉！嗯，告訴你們各國的眾官員們，以及殷國的眾官員們。現在你們辛勞地在我監督之下服務已經五年了，對於勞役賦稅那些大大小小的許多徵召徵收，你們沒有不守法的。但是你們卻自己造成不和睦的局勢，你們要（與政府）融洽呀！你們家裡也不和睦，你們也要互相和睦呀！你們的城邑要能興盛，那就只有你們能勤勉於你們的事業。希望你們能厭惡那罪惡的行為，那才可以優美地守著你們的職位，能夠永久地住在你們的城邑，計劃著輔助（我們周王朝）。你們從此在這洛（雒）邑，希望（你們）永久地盡力去整理你們的田地；老天會給你們憐憫的。我們周人也要大大地扶助賞賜你們，選拔你們到周王朝來，給你們高尚的職務，使你們擁有大的官職。

王曰：『嗚呼！多士！爾不克勸忱我命，爾亦則惟不克享，凡民惟曰不享㊁。爾乃惟逸惟頗，大遠王命；則惟爾多方探天之威，我則致天之罰，離逖爾土㊂。』

【註釋】 ㊁勸，勉力。忱，信賴。二「享」字，皆指享受安樂言；與雒誥之語異義。㊂逸，泆也；放蕩也：便讀說。頗，邪。遠，意謂違離。尚書故據王樹枏說，謂：探，觸冒也。逖，遠。

【譯文】 王說：『唉！（你們）眾官員們！你們若不能勉力地信賴我的命令，你們就不能享受安樂，民眾們也就不能享受安樂了。你們竟然放蕩、邪惡，大大地違背了王朝的命令；那就是你們眾國冒犯了老天的威嚴，我就推行老天的懲罰，使你們遠遠地離開你們所居留的地方。』

王曰：『我不惟多誥，我惟祇告爾命㉔。』

【註釋】㉔命，指天命言。

【譯文】王說：『我不再多勸告你們了，我只是告訴你們老天（注定）的命運。』

又曰：『時惟爾初；不克敬于和㉕，則無我怨。』」

【註釋】㉕敬，謹。于，越也；與也：釋詞說。

【釋文】又說：『這是你們的開始；你們若不能謹慎與和洽，（我將要懲罰你們，）那可不要怨恨我。』」

立　政

述聞云：「此篇皆言官人之道，故以立政名篇；所謂『惟正是乂之』也。爾雅：『正，長也。』政為正之假。」則立政猶言設官。以經文核之，王氏之說甚諦。尚書故云：「政事對文，則政為長官，事為羣職；單文則政即是官。」本篇所言，乃周公告成王以設官之道也。

周公若曰：「拜手稽首，告嗣天子王矣㊀。」

【註釋】㊀嗣天子，謂成王。王矣，謂已即君位。

【譯文】周公如此說：「叩頭又叩頭，報告你這繼承先王的天子現在已經作王了。」

用咸戒于王，曰王左右常伯、常任、準人、綴衣、虎賁㊁。

【註釋】㊁尚書故謂：咸，箴之借字。曰，與越通；與也：大義說。常伯，猶秦漢時之侍中。常任，猶漢之中常侍。準人，疑猶秦漢之廷尉：皆便讀說。綴衣，官名；主管王之衣服：孫疏說。虎賁，武官之護衛天子者。

【譯文】（周公）於是勸誡於王，以及王左右的常伯、常任、準人、綴衣、虎賁等官員。

周公曰：「嗚呼！休茲，知恤鮮哉㊂！古之人迪惟有夏，乃有室大競，籲俊尊上帝，迪知忱恂于九德之行㊃。乃敢告教厥后曰：『拜手稽首，后矣。』曰：『宅乃事，宅乃牧，宅乃準，茲惟后矣㊄。謀面用丕訓德，則乃宅人，茲乃三宅無義民㊅。』

【註釋】 ㊂休，美。尚書故謂：茲，歎詞；休茲，猶言美哉。恤，憂。鮮，善也：便讀說。㊃二「迪」字皆語詞。有室，指卿大夫言。競，猶言要好。籲，呼。俊，才智之士。忱，誠。恂，信。九德，似非臯陶謨之九德，其詳未聞。㊄宅，當作度；柯劭忞先生有說，見尚書故引。東坡書傳謂：事，謂常任；牧，謂常伯；準，謂準人。茲，如此。㊅謀面，黽勉也：尚書故說。用，以。丕，語詞。訓，順。乃，猶能也：尚書故說。宅人，謂度量用官之道。三宅，指上文事、牧、準三事而言。述聞謂：義，讀為俄；邪也。

【譯文】 周公說：「唉！好啊，能知道憂慮（國事）就好啊！古時的人像夏代，他們的大夫們都能大大地要好，（他們）呼籲著傑出的人們尊敬上帝。（他們）知道誠實地遵照九德而行。（他們）才敢報告他們的君主說：『叩頭又叩頭，你已作了君主了。』說：『要揣度（怎樣任用）你的常任之官，要揣度（怎樣任用）你的常伯之官，要揣度（怎樣任用）你的準人之官，這樣，那就配算是君主了。能奮勉地順循著美德（去做），那就可以量才用官；這樣，在這三方面度量才不會有邪惡不正的官員。』

桀德惟乃弗作往任，是惟暴德，罔後㊆。亦越成湯陟，丕釐上帝之耿命；乃用三有宅，克即宅；曰三有俊，克即俊㊇。嚴惟丕式，克用三宅三俊㊈。其在商邑，用協于厥邑；其在四方，用丕式見德⑩。

【註譯】⑦德，行為。弗作，不為。往任，前人任官之道。是惟，是以也：尚書故說。暴德，暴行。罔後，謂亡國絕後。⑧亦越，承上起下之詞：釋詞說。陟，謂登天子之位。丕，語詞。釐，治理。耿，光顯。用，意謂從事。有，語詞。三宅，謂以事、牧、準三者度人；三俊，謂以三者進用人：本尚書故說。曰，與越通；與也。克即宅，言其度皆當。克即俊，言所用皆才智之士。⑨嚴，儼然。式，法。⑩商邑，指殷都言。協，和洽。

【譯文】夏桀的行為乃是不遵循以往任用人的道理，所以行為暴虐，就沒有後代了。到成湯升位時，他就能夠料理上帝那光顯的命令；於是從事三方面的揣度，所揣度的都很適當；而在這三方面所提拔的人才，也都是俊傑之士。他儼然地成為天下的表率，就是由於他能夠在三方面揣度人才、在三方面任用傑出的人才。他在商的都城裡，因而就和都城的人非常融洽；他在四方各國，於是就成為模範而表現出他的美德來。

嗚呼！其在受德暋，惟羞刑暴德之人，同于厥邦；乃惟庶習逸德之人，同于厥政⑪。帝欽罰之，乃伻我有夏，式商受命，奄甸萬姓⑫。亦越文王、武王，克知三有宅心，灼見三有俊心；以敬事上帝，立民長伯㊂。立政：任人、準夫、牧、作三事，虎賁、綴衣、趣馬、小尹，左右攜僕，百司庶府，大都、小伯、藝人、表臣、百司，太史、尹伯、庶常吉士，司徒、司馬、司空、亞旅，夷、微、盧、烝、三亳、阪、尹㊃。文王惟克厥宅心，乃克立茲常事司牧人，以克俊有德㊄。

【註釋】㊁受，紂名。德，行為。覈詁謂：呂氏春秋當務篇以紂名受德，蓋因此文而誤。暋（ㄏㄨㄣ），昏。羞，狃也；猶習也：便讀說。同，共。庶，眾。習逸德，意謂慣於為惡。㊂帝，上帝。孫疏謂：欽，與廞通；興也。伻，使。有夏，周人自謂；參康誥區夏。奄，覆；猶言普被。甸，治。萬姓，萬民。㊂心，意；意謂道理。灼，明。長伯，猶言官長。㊃立政，猶言設官。任人、準夫、牧，東坡書傳以為即常任、準人、常伯。作，為。三事，三卿。趣馬，掌馬之官。小尹，圉師之類；孫疏說。左右攜僕，贊正君服位之官；正義說。司、府，皆官名；主財物券契典藏者。曲禮以司士、司木、司水、司草、司器、司貨為天子之六府；周禮有太府、王府、內府、外府、泉府、天府等。此言百司庶府，乃總括諸官之詞：江聲說。周禮載師注引司馬法云：「小都，卿之采地。大都，公之采地。」覈詁疑小伯即小都之長。藝，當讀為暬。藝人，暬御之人；近侍之臣也：平議說。于省吾謂：表，當作封。封臣，即封人。封人，官名；掌築土為壇埒，及築疆界之事；義見周禮。此百司，指都邑之百司言。太史，史官之長。纂詁謂：尹伯，蓋謂尹氏。偽孔傳謂：庶常吉士，眾掌常事之善士也。亞、旅，已見牧誓。微、盧，皆戎國名；已見牧誓。烝、阪、尹，皆蠻夷雜居之地：平議說。三亳，皇甫謐謂：蒙為北亳，穀熟為南亳，偃師為西亳。此三亳蓋皆殷遺民聚居之處。㈤厥，語詞：釋詞說。常事，猶孟子所謂常職。常事司牧人，謂常職主治之人也：尚書故說。

【譯文】 唉！在受的時候他的行為昏暗不明，與慣用刑罰、行為殘暴的官員們，同在他的國家中；竟然與那些慣於作惡的官員們，共同來辦理他的政治。上帝於是起來懲罰他，就使我們西方（的周）以商的土地而接受了國運，來普遍地統治所有的民眾。到了文王、武王時代，他們能了解照著三方面度量用人的意思，（而且）也明顯地見到在三方面任用傑出人才的道理；用以虔敬地侍奉上帝，為民眾們設立官長。設立的官員們是：任人、準夫、牧（常伯），作為三卿（以上是執政的大員），虎賁、綴衣、趣馬、小尹，左右攜僕，和各種管理財物契券的官員們（以上是侍御之官），大國諸侯、小國諸侯、藝人、封臣、屬於諸侯的管理財物的官員們，太史、尹伯、許多辦理經常事務的善良官員，司徒、司馬、司空、亞和旅（以上是諸侯的官員），還有專管夷、微、盧、烝、三亳、阪、尹這些野蠻民族和殷遺民的官員。文王能用心度量，所以他能設立這些常設的主管政事的官員，能夠用傑出而有德行的人。

文王罔攸兼于庶言：庶獄、庶慎，惟有司之牧夫，是訓用違；

庶獄、庶慎，文王罔敢知于茲(一六)。亦越武王，率惟敉功，不敢替厥義德；率惟謀從容德，以竝受此丕丕基(一七)。

【註釋】(一六)兼，謂兼顧。庶，眾。言，與訊義通。易師卦六五之「執言」，即詩之「執訊」，可證。庶言，謂眾訊獄之事。庶獄，諸訟獄之事。慎，與訊通；庶慎，亦謂諸訊獄之事：于省吾說。有司，謂主其事者。牧夫，謂官吏。訓，順。用，龍君宇純疑當為毋之訛；毋，無也。知，意謂過問。(一七)率，用。敉，與彌同義；終竟也。替，廢。義德，善行。厥，其；指文王言。率，用。謀，圖謀。容，當為㕡，即睿字：尚書故說。睿德，謂文王明智之行。述聞謂：竝，普也。丕丕，大也。基，基業。

【譯文】文王不兼管那些判案子的事：關於那些訟訴事件、判案子的事件，只是順從主管其事的官員們（的意見），而無所違背；那些訟訴事件、判案子的事件，文王不敢過問它們。到了武王時代，就完成了（文王的）事業，不敢廢棄掉文王的善行；只是計劃著遵照文王的明智行為（去做），所以就普遍地接受了這偉大的王業。

嗚呼！孺子王矣！繼自今，我其立政、立事(一八)。準人、牧夫，我其克灼知厥若，丕乃俾亂；相我受民，和我庶獄、庶慎(一九)。時則勿有間之，自一話一言(二〇)。我則末惟成德之彥，以乂我受民(二一)。

【註釋】⑱繼自今，謂從今以後。立政，謂建立長官；立事，謂建立羣職：述聞說。⑲若，善。丕，語詞。俾，使。亂，治。相，助。受民，受於天之民。和，適當；義見淮南子注。⑳時，是。閒，代。自，猶於也：尚書故說。㉑末惟，終有也：尚書故說。彥，美士。乂，治理。

【譯文】唉！年輕的人你現在已是君王了！從今以後，我們要設立首長、設立普通官員。像準人、牧夫等官員，我們要能明白地了解他們的優點，這樣才可使他們去辦理事務；幫助著我們所接受於天的民眾，使我們那些訟訴事件、判案子事件都能夠適當。對於這方面的事情可不要代替（官員們）處理，甚至於一句話一個字（也不要多說）。那麼我們周朝就終會有品德崇高的優秀人才，來治理我們所接受於天的民眾們。

嗚呼！予旦已受人之徽言咸告㉒。孺子王矣！繼自今，文子文孫，其勿誤于庶獄、庶慎，惟正是乂之㉓。自古商人，亦越我周文王，立政，立事：牧夫、準人，則克宅之，克由繹之，茲乃俾乂國㉔。則罔有立政，用憸人，不訓于德，是罔顯在厥世㉕。繼自今立政，其勿以憸人，其惟吉士，用勱相我國家㉖。

【註釋】㉒已受，漢石經作以前。蓋已、以古通；而金文「前」字與「受」字形近，因而致訛也。徽，美。咸，箴。㉓周人以文祖文考稱已故之祖及父。文子文孫，對文祖文考言；此謂成王也（武王子文王孫）。誤，虞也；尚書故說。即顧慮之意。正，孫疏謂即周書之大正；掌刑事之官也。乂，治。㉔宅，度。由，用。繹，當作擇：于省吾說。茲，如此。㉕憸（ㄒㄧㄢ），險佞。訓，順。尚書故謂：是，則也。㉖吉士，善士。勱（ㄇㄞˋ），勉。相，助。

【譯文】 唉！我旦把前人的善言來勸告你。青年人已是君王了！從今以後，你這先王的子孫，可不要顧慮那些訟訴事件，和那些判案子事件，（凡是這些事），只讓法官去管理好了。自古以來的商朝人，一直到我們周文王，設立首長，設立一般官員：像牧夫、準人等，他們都能揣度人才，能從而選拔人才，這樣才能使（這些官員們）治理國家。如果不建立（任用）官員（的準則），所用的都是陰險諂佞的人，他們都不遵循著美德（去做），那麼（天子）就不能顯耀於他們那時代了。從今以後設立官員，可不要用那些陰險諂佞的人，只要用善良的人，來勉力地輔助我們的國家。

今文子文孫，孺子王矣。其勿誤于庶獄，惟有司之牧夫。其克詰爾戎兵，以陟禹之迹；方行天下，至于海表，罔有不服㉗。以覲文王之耿光，以揚武王之大烈㉘。嗚呼！繼自今後王立政，其惟克用常人㉙。」

【註釋】 ㉗孫疏謂：詰，謹也。戎兵，武備。陟，便讀謂猶履蹈也。迹，同蹟。禹平水土，其迹遍天下；故禹迹，猶言天下也。陟禹之迹，意即君臨天下。方，普。表，外。㉘覲，見；謂表彰之。

耿，光。烈，業。㊁常，與祥通；善也。常人，善人也。尚書故說。

【譯文】現在先王的子孫、你這年輕人已是君王了。（你）可不要顧慮訟訴事件，（這些事）只是主管其事的官員們（的責任）。你要能謹慎於你的武備，以踐登禹所平治過的土地（作天子）；（要能做到）普遍地走到天下（的每一角落），一直到達海外，沒有人不服從你。用以表彰文王的光輝，和發揚武王的偉大功業。唉！從今以後，繼承先王的後王要設立官員，可要能夠任用善良的人。」

周公若曰：「太史，司寇蘇公！式敬爾由獄，以長我王國。茲式有慎，以列用中罰㊂。」

【註釋】㊂太史，掌記事之官。周公欲使記此事，故呼之。司寇，官名；主刑罰。蘇公，蓋謂蘇忿生。忿生於武王時為司寇（見左傳杜注），此時蓋尚在。式，語詞。敬，謹。由，以也；猶用也：便讀說。長，久。茲式之式，用也。有慎之有，語助詞。列，等比也；義見禮記服問鄭注。中罰，謂適當之刑罰。

【譯文】周公如此說：「太史，司寇蘇公！要謹慎地來處理訟獄之事，以使我們的王國長久。對於這刑罰的事要謹慎，要加以比較而用適當的刑罰。」

顧命

本篇所記，乃成王臨終時之命令，及成王沒後之喪禮，與康王即位時之儀節。書序云：「成王將崩，命召公、畢公率諸侯相康王，作顧命。」則專就成王之遺命而言。鄭玄謂：「迴首曰顧，顧是將去之意。此言臨終之命曰顧命，言臨死將去，迴顧而為語也」（見正義）。

伏生本以顧命及康王之誥為一篇，歐陽及大小夏侯本，則合顧命與康王之誥為一篇。馬融、鄭玄、王肅各家之本，亦皆作兩篇，自「高祖寡命」以上為顧命；「王若曰」以下為康王之誥。偽孔本則自「諸侯出廟門俟」以上為顧命；「王出在應門之內」以下為康王之誥。說詳正義及王先謙尚書孔傳參正。茲則合為一篇。

惟四月，哉生魄，王不懌㈠。甲子，王乃洮頮水，相被冕服，憑玉几㈡。乃同召太保奭、芮伯、彤伯、畢公、衛侯、毛公、師氏、虎臣、百尹、御事㈢。

【註釋】㈠哉生魄，參康誥。懌，悅。不懌，謂有疾。㈡甲子，劉歆三統曆以為乃成王三十年四月十五日；是否尚難確定。便讀謂：洮，洗手也。頮（ㄏㄨㄟˋ），洗面。相，正王服位之官；謂太僕也：鄭玄說（見正義）。被，披。冕，冠。憑，依。玉几，玉飾之几。㈢奭，召公名；其時為太保。

芮（ㄖㄨㄟˋ）伯，姬姓之諸侯，其名未詳。彤（ㄊㄨㄥˊ）伯，姒姓諸侯：王肅說（見正義）。其名亦未詳。畢公，名高。毛公，其名無考。二人皆文王庶子。衛侯，康叔。師氏，掌兵之官；已見牧誓。虎臣，即虎賁：孫疏說。百尹，各官之首長。

【譯文】（這一年的）四月，剛出現一鉤新月的時期，（成）王不愉快（生了病）。甲子這天，王於是用水來洗手洗臉，侍奉的官員們給王戴上了冕帽披上了朝服，讓王靠著鑲嵌著玉器的矮几。於是把太保奭、芮伯、彤伯、畢公、衛侯、毛公、師氏、虎臣、和各單位的首長、以及一般官員們，都召喚了來。

王曰：「嗚呼！疾大漸，惟幾；病日臻，既彌留，恐不獲誓言嗣，茲予審訓命汝㊃。昔君文王、武王，宣重光，奠麗陳教則肄；肄不違，用克達殷集大命㊄。在後之侗，敬迓天威，嗣守文武大訓，無敢昏逾㊅。今天降疾、殆，弗興弗悟；爾尚明時朕言，用敬保元子釗，弘濟于艱難。柔遠能邇，安勸小大庶邦㊆。思夫人自亂于威儀，爾無以釗冒貢于非幾㊇。」

【註釋】㊃殷敬順列子釋文云：「漸，劇也。」幾，危也：義見爾雅。臻，當讀為蓁；盛也。參正謂：彌留，言已將終而暫留也。平議謂：嗣，當作𤔲；籀文辭字。審，詳。㊄宣，顯揚。重光，謂文武二王之光顯功烈。奠，定。麗，法。陳，設。肄，勞。違，棄而去之。便讀謂：達，撻也；擊也。集，成就。大命，國運。㊅侗（ㄊㄨㄥˊ），僮也；猶言沖人孺子也：便讀說。敬，謹。迓，迎。昏，讀為泯，蔑也；輕忽也。參牧誓。于省吾謂：逾當讀為渝，變也。㊆殆，危。興，起。悟，猶言清醒。時，是；此。元子，太子。釗，康王名。弘，大也。濟，渡過。尚書故謂：安，語詞。勸，勉。庶，眾。㊇夫人，人人。亂，治理；整飭。冒，觸也：參正說。馬鄭王本，貢皆作贛。馬氏云（見釋文）：「陷也。」非幾，非法也：尚書故說。

【譯文】 王說：「唉！病太劇烈了，是很危險了；病一天一天地嚴重起來，已經到了臨死前暫留人間的一剎那，恐怕（再遲一點）就不能發表遺囑了，所以現在我詳細地來訓告你們。以往我們的君主文王、武王，曾顯揚了雙重的光輝，（他們）奠定法律宣布教化非常辛苦；雖然辛苦而還是不逃避責任，因而就打倒了殷朝而成就了國運。到了後來的幼稚無知的我，謹慎地來迎接老天的懲罰，繼續遵守著文王武王的偉大教訓，沒敢加以廢棄和改變。現在老天降給我這場病，非常危險，也不能起來也不清醒了；你們要明白我的這些話，來謹慎地保護太子釗，大大地渡過這艱難（的時期）。要安定遠方像安定近處一樣，來勉勵這些或小或大的眾諸侯之國。我在想人人要自己來整飭自己的儀表態度，你們千萬不要使釗觸犯或陷入了不法的境地。」

茲既受命還，出綴衣于庭㊈。越翼日乙丑，王崩。

【註釋】㊈出，徹出。綴衣，王座上所張設之帷帳。說見正義。

【譯文】（這些官員們）既然這樣地接受了遺囑退回去，便把王座上的帷帳撤出到庭院中來。到了第二天乙丑，王就逝世了。

太保命仲桓、南宮毛，俾爰齊侯呂伋，以二干戈，虎賁百人，逆子釗于南門之外；延入翼室，恤宅宗⑩。丁卯，命作冊度。越七日癸酉，伯相命士須材⑪。

【註釋】⑩太保，謂召公。仲桓、南宮毛，二臣名。俾，使。爰，與援同義；引也。呂伋，齊太公子，即丁公。二干戈，桓、毛各執一干一戈。逆，迎。南門，宗廟之南門。便讀謂：延，引也。翼室，在旁之室，謂左路寢。恤，憂。宅，居。宗，主。意謂王憂居為喪主。以上皆孫疏說。⑪作冊，官名；參雒誥。度，謂制定喪儀之法則；參孫疏說。孫疏謂：伯相，相王室之二伯；蓋謂召公及畢公。材，物也；即下文禮器几席車輅戈鉞之類：尚書故引金履祥說。須，待；意謂備妥待用。

【譯文】太保就命令仲桓、和南宮毛二人，使他們引導著齊侯呂伋，用了兩副干戈，和一百個衛隊，去迎接太子釗在廟的南門外；引著太子進入了左邊的寢房，憂愁地住在那裡作喪事的主人。到了丁卯這天，就命作冊之官訂定了喪禮的法則。又過了七天到了癸酉這天，輔佐王朝的二位大臣就命令官員們準備好了發喪時要用的各種東西。

狄設黼扆、綴衣⑫。牖間南嚮，敷重篾席、黼純；華玉仍几⑬。西序東嚮，敷重厎席、綴純，文貝仍几⑭。東序西嚮，敷重豐席、畫純，彫玉仍几⑮。西夾南嚮，敷重筍席、玄紛純，漆仍几⑯。

【註釋】 ⑫王國維周書顧命考（以下簡稱顧命考）云：「以下記布几筵。」狄，即狄人，樂官之賤者。黼，黑白色之形花紋。扆（ㄧˇ），置於天子座後者，形如屏風。⑬嚮，與向同。敷，布置。重，雙層。篾席，竹皮所製之席。純，邊緣。華玉，五色玉。仍几，因仍生時所用之几。⑭序，堂東西兩牆。西序，堂西牆。厎席，緻密之竹席。綴，雜彩色。文貝，貝之有花紋者。⑮豐席，刮光洗刷之竹席。畫，謂繪為雲氣。彫玉，雕有花紋之玉。⑯夾，即夾室，在序後。筍席，析竹之青皮所製之席。玄紛純，玄色絲繩飾席邊。漆，髹漆。

【譯文】 狄人陳設了飾有黑白色形花紋的屏風，和一套帷帳。在門窗之間朝南，鋪設著雙層的篾席，這席是以黑白色的形花飾邊；（另擺著一個）嵌著五色玉的矮几，這矮几乃是王生時所用的。靠西牆朝東，鋪設著雙層的厎席，這席是雜彩色的邊緣，（另有）嵌著花貝殼的矮几，這几也是王生時所用的。靠東牆朝西，鋪設著雙層的洗刷光滑的豐席，這席畫著雲彩形的花邊，（另有）嵌著彫花玉的矮几，這几也是王生時所用的。在西邊的夾室中朝南，鋪設著雙層的筍席，這席的邊緣是用黑青色的絲繩連綴而成的，（另有）髹漆的矮几，這几仍舊是王生前所用的。

越玉五重：陳寶、赤刀，大訓、弘璧，琬、琰，在西序；大玉、夷玉，天球、河圖，在東序㈦。胤之舞衣，大貝、鼖鼓，在西房，兌之戈、和之弓、垂之竹矢，在東房㈧。大輅在賓階面，綴輅在阼階面，先輅在左塾之前，次輅在右塾之前㈨。

【註釋】 ㈦王氏顧命考云：「以下記陳宗器。」越，通粵；語詞。王國維陳寶說以為：非一玉，故曰重。蓋陳寶、赤刀為一重，大訓、弘璧為一重，琬、琰為一重，大玉、夷玉為一重，天球，河圖為一重，合為五重。陳寶，玉器名。陳寶說以為其質在玉石之間。赤刀，蓋塗朱之玉刀。大訓，蓋玉上刻有先王訓戒之辭者。弘璧，大璧。琬（ㄨㄢˇ），圓頂圭。琰，尖頂圭。鄭玄謂（見正義）：大玉，華山之球；夷玉，東北所產之美玉；天球，雍州所貢之玉如天色者。河圖，疑自然成文之玉石，出於黃河者。㈧胤、及下文之兌、和、垂，皆人名：鄭玄說（見周禮天府疏）。胤之舞衣，胤所製之舞衣。大貝，大如車輪之貝：鄭玄引書傳說（見周禮天府疏）。鼖（ㄈㄣˊ），大鼓。房，室兩旁之房。㈨輅（ㄌㄨˋ），車。大輅，即玉輅；以玉為飾之車。賓階，賓所升之階，即西階。面，前。綴輅，即金輅；以金為飾之車。阼（ㄗㄨㄛˋ）階，主人所升之階，即東階。先輅，即象輅；以象骨為飾之車。塾，門側之堂。左塾之前，謂畢門內之西。先輅北向。次輅，即木輅；木質無飾之車。右塾之前，謂畢門內之東。次輅亦北向。

【譯文】（陳設的）玉器有五組：陳寶、赤刀，大訓、大璧，琬、琰，陳設在西廂房；大玉、夷玉，天球、河圖，陳設在東廂房。胤所作的舞衣，大貝殼、大鼓，陳設在西邊房中，兌所作的戈、和所作的弓、垂所作的竹箭，陳設在東邊房中。大輅車安放在賓客所用的台階之前，綴輅車安放在主人所用的台階之前，先輅車安放在左塾前面，次輅車安放在右塾前面。

二人雀弁執惠，立于畢門之內⑳；四人綦弁，執戈、上刃，夾兩階戺㉑；一人冕執劉，立于東堂㉒；一人冕執鉞，立于西堂㉓；一人冕執戣，立于東垂㉔；一人冕執瞿，立于西垂㉕；一人冕執銳，立于側階㉖。

【註釋】⑳顧命考云：「以下記設兵衛。」弁（ㄅㄧㄢˋ），似冕而無藻旒之冠。雀弁，赤黑色之弁。此下凡言弁者，皆指士言。惠，斜刃宜芟刈之兵器。畢門，廟之內門；即祭門：尚書故引姚鼐說。㉑綦（ㄑㄧˊ），青黑色。上刃，刃外向：蔡傳說。夾，謂夾階戺而立。戺（ㄕˋ），夾階之斜石；本程瑤田說。㉒此下凡言冕者，皆指大夫言。劉，尖銳之斧。東堂，堂東側。㉓鉞，大斧。㉔戣（ㄎㄨㄟˊ），鄭玄云（見正義）：「三鋒矛也」。垂，邊；謂東西序之外旁。㉕瞿，亦三鋒矛：鄭玄說（見正義）。㉖銳，當作鈗，兵器名：說見成壦所著篛園日札卷二。側階，東房後北向之階。

【譯文】兩個人戴著紅黑色的弁，拿著惠（兵器），站在畢門裡面；四個人戴著青黑色的弁，拿著戈，戈刃向外，夾著兩個台階的斜石站著；一個人戴著冕，拿著劉，站在堂的東邊；一個人戴著冕，拿著鉞，站在堂的西邊；一個人戴著冕，拿著戣，站在東廂房的外邊；一個人戴著冕，拿著瞿，站在西廂房的外邊；還有一個人戴著冕，拿著銳，站在東房後朝北的台階上。

王麻冕黼裳，由賓階隮㉗。卿士邦君，麻冕蟻裳，入即位㉘。太保、太史、太宗，皆麻冕彤裳㉙。太保承介圭，上宗奉同、瑁，由阼階隮㉚。太史秉書，由賓階隮，御王冊命㉛。曰：「皇后憑玉幾，道揚末命，命汝嗣訓，臨君周邦，率循大卞，燮和天下，用答揚文武之光訓㉜。」王再拜，興。答曰：「眇眇予末小子，其能而亂四方，以敬忌天威㉝？」乃受同、瑁，王三宿，三祭，三咤㉞。上宗曰：「饗。」太保受同，降。盥，以異同，秉璋以酢㉟。授宗人同；拜，王答拜㊱。太保受同，祭、嚌、宅㊲。授宗人同；拜，王答拜。太保降。收㊳。諸侯出廟門俟㊴。

【註釋】㉗顧命考云：「以下記冊命事。」麻冕，以最細之布所作之冕。裳，下衣。黼裳，繡有形花紋之裳。此非喪服，亦非純吉之服。隮，與躋同；升也。由賓階隮者，因康王尚未受冊命，不敢以主人自居。㉘卿士，指公卿大夫言。邦君，諸侯。蟻裳，玄色裳。即位，各就其位。卿士等

皆侍於中廷，故不言升階：孫疏說。㉙太宗，即大宗伯；司禮之官。彤裳，絳色裳。此純吉之服。㉚承，奉。介圭，大圭。上宗，即太宗。同，酒杯。瑁，杯蓋。太保攝主（代理主人），故自阼階升：顧命考說。㉛秉，持。書，冊書；命辭之書於冊者：顧命考說。御，迓也；迎也。㉜曰，謂冊命之辭。皇，大。后，君。此指成王言。道，猶言也。揚，謂揚聲。道揚，猶言稱說。末，終。嗣訓，嗣守其訓也：便讀說。率，用。循，遵循。卞，法。燮，和。答，對。答揚，謂遵從之而又顯揚之。光，顯。㉝興，起。眇眇，微小。末，微末。其，豈也：尚書故引戴鈞衡說。而，猶以也：釋詞說。亂，治。敬忌，猶言敬畏。以上為王答命書之詞。㉞乃受同，謂王受同於太宗。蓋太保獻王酒，而由太宗授王。瑁，當為衍文。以上皆本顧命考說。宿，讀為肅，進也：義見爾雅。此謂徐行而前。鄭玄云（見正義）：「却行曰咤。」㉟饗，飲食也；此勸王飲酒。受同，接受王饗酒之同。降，謂下堂（下堂反同於篚）。盥，洗手（謂太保洗手）。異同，另一杯。秉，持。璋，半圭；此指瓚（即同）柄而言。主人獻酒於賓曰獻，賓酌酒回敬主人曰酢。惟主人獻尊者酒，則不敢受尊者之酢，乃酌以自酢；故此言太保酌酒自酢。以上本顧命考說。㊱宗人，佐大宗伯者。授宗人同，言太保以酢酒之同授予宗人。拜，謂拜王。㊲太保受同，謂接受宗人所予之同。嚌（ㄐㄧˋ），嘗也：義見禮記雜記鄭注。宅，咤之假。降，謂下堂。㊳收，撤去；謂撤去各種陳設。㊴諸侯，謂諸侯卿士等。俟，謂俟後命。（偽古文本顧命止此）

【譯文】 王戴著麻冕穿著繡有亞形花紋的下裳，從賓階（西邊的臺階）上來。卿士和各國的國君們，戴著麻冕穿著青黑色的下裳，進入（庭院）就了各人的位次。太保、太史、大宗，都戴著麻冕穿著絳色的下裳。太保捧著大圭，上宗捧著酒杯、蓋著杯蓋，從主人的臺階走上來。太史拿著冊命天子的書冊，從賓階（西邊的臺階）走上來，就迎著（康）王宣讀冊命的文辭。說：「偉大的君主，依靠著嵌著玉的几子，宣布他最後的遺囑，命令你繼承先王的訓教，來作周國的君主；（你要）遵循著這偉大的法度，使天下的民眾都與政府和洽，以報答發揚文王武王那光顯的教訓。」王拜了又拜，然後起來。回答說：「渺小的我這微末的青年人，我怎能治理天下，來敬畏老天（可能給）的懲罰呢？」他於是就接受了酒杯（準備用酒祭神）、王前進了三次，祭了三次，退回來三次。上宗喊道：「請王喝酒。」（王喝酒後）太保就把酒杯接過來，走下堂去。洗過手，用另外一個酒杯，自己斟了酒拿著杯柄喝了。（太保）把酒杯交給宗人；對王拜了一拜，王也就回了一拜。太保（又從宗人手中）接受了酒杯，就去祭祀、嘗了酒，然後退回來。把酒杯給了宗人；拜了王，王再回了他一拜。太保就走下堂來。（這時）所有的陳設就都撤去了。諸侯卿士們都走出了廟門等待著。

王出在應門之內㊵。太保率西方諸侯，入應門左；畢公率東方諸侯，入應門右。皆布乘黃朱㊶。賓稱奉圭兼幣，曰：「一二臣衛，敢執壤奠㊷。」皆再拜稽首。王義嗣德，答拜㊸。太保暨芮伯，咸進，相揖，皆再拜稽首㊹。曰：「敢敬告天子，皇天改大邦殷之命，惟周文武，誕受羑若，克恤西土㊺。惟新陟王，畢協賞罰，戡定厥功，用敷遺後人休㊻。今王敬之哉！張皇六師，無壞我高祖寡命㊼。」

【註釋】㊵偽古文本，自此以下為康王之誥。出，出廟門：尚書故說。應門，即朝門；在路門之外。尚書故云：「諸侯出廟，在應門外；王出廟，在應門內。」蓋廟與寢並列，寢廟間有闈門可以相通。以上行事在廟，以下行事在朝。㊶入應門左，謂立於朝之應門內西側。布，陳列。乘（ㄕㄥˋ），四馬。黃朱，朱鬣之黃馬。此皆諸侯所獻。㊷賓，指諸侯言。稱奉，猶言舉獻。圭，應從說文作介圭。幣，謂玉、馬、皮、帛等物。尚書故謂：壤奠，猶言土貢。㊸義，宜。義嗣德，謂康王宜嗣前人之德：蔡傳說。㊹咸，皆。進，前進。相揖，二人對揖。皆再拜稽首，言二人拜王。㊺大邦，周初以之稱殷。文武，文王武王。誕、若，皆語詞。羑，牖之古字：說見淮南子氾論篇注；義如誘導之牖。恤，憂慮。㊻天子崩曰陟。新陟王，指成王言。畢，盡。協，和；意謂得宜。戡，克；能。敷，溥。休，同庥；福祥。㊼張皇，張大。六師，六軍。高祖，指文王言：孫疏說。寡，讀為宣，顯也；尚書故有說。馬鄭等本，自此以上為顧命。

【譯文】王走出廟來到了朝堂的應門裡邊。太保領導著西方諸侯，進入了朝堂的應門左邊；畢公領導著東方諸侯，進入朝堂的應門右邊。他們都陳列著四匹紅鬃的黃馬。賓客們奉獻了大圭和幣帛等禮品，說：「我們一二個王朝的護衛之臣，敢奉獻一點土產。」都對王拜了又叩了頭。由於王應當繼承著先王的美德（理當為王），因此就回拜了。太保及芮伯都走向前來，互相作了揖，於是都對王拜了兩拜又叩了頭。說：「我們敢敬謹地報告天子，偉大的老天改革了殷這大國的命運，於是我們周的文王武王，受了老天的誘導，能憂慮我們西方（周國）。而新崩的（成）王，對於賞罰都能公平恰當，能夠安定了他們（文武）的功業，以致普遍地遺留下幸福給後代。現在你這君王要謹慎呀！要振興國家的六軍，不要毀壞了我們高祖的光顯的命令。」

王若曰：「庶邦侯、甸、男、衛！惟予一人釗報誥㊽：昔君文武，丕平富，不務咎，厎至齊信，用昭明于天下㊾。則亦有熊羆之士、不二心之臣，保乂王家，用端命于上帝；皇天用訓厥道，付畀四方。乃命建侯樹屏，在我後之人㊿。今予一二伯父，尚胥暨顧，綏爾先公之臣服于先王㊿一。雖爾身在外，乃心罔不在王室。用奉恤厥若，無遺鞠子羞㊿二。」

【註釋】㊽馬鄭諸本，自王若曰以下為康王之誥。報，答。㊾丕，語詞。平，成也；義見爾雅釋詁。咎，過；意謂責罰。厎，致。齊，共同。㊿平議謂：端，始也。訓，告教。厥，語詞。四方，猶言天下。建侯，封建諸侯。樹屏，樹立屏藩。在，相顧在也；述聞說。㊿一天子稱同姓諸侯曰伯父。

胥，相。暨，與。顧，顧念。綏，讀為綏，繼也：述聞說。(五二)外，謂王畿之外。乃，汝。奉，行。恤，慎。厥，語詞。若，善。鞠子，穉子；康王自謙之辭。

【譯文】　王如此說：「諸位侯、甸、男、衛之國（的君主們）！我個人釗來答復你們：以前的君主像文王武王，能造成（民眾）的富裕，不專意去責罰他們，以至於受到民眾的共同信仰，因而（他們）能夠昭明顯著於天下。那也就是有像熊羆似的那種武官、以及忠貞不二心的官員們，來保護國家，因而就開始接受了上帝所給的國運；偉大的老天因而告教我們大道理，就把天下給了我們。於是（先王）就命令封建諸侯、樹立屏藩，來照顧我們這後來的人。現在我的一二位伯父們，希望你們相互地照顧我，繼承你們祖先臣服於先王（那樣來臣服於我）。雖然你們的身體都在外地，可是你們的心沒有不在王朝的。（你們）要謹慎地實行美德，不要留給我這青年人羞辱（的事情）。」

羣公既皆聽命，相揖趨出。王釋冕，反喪服(五三)。

【註釋】　(五三)釋，解去。反，回復。

【譯文】　諸侯既都聽從了王的命令，互相作了一個揖，就快步走出去了。王於是脫下了冕服，回復了喪服。

費誓

費，或作鮮、肸、粊；地名，在今山東費縣境。本篇乃魯僖公將伐淮夷、誓師於費而作，故名費誓。書序及史記魯世家，皆謂本篇乃伯禽伐淮夷時之誓辭。由文體及史事證之，知其非是。說詳余永梁粊誓的時代考，及楊氏尚書覈詁。今按：以魯頌、左傳、及曾伯霥簠考之，此事當在魯僖公十六年十二月。

公曰：「嗟！人無譁，聽命！徂茲淮夷、徐戎並興，善敹乃甲冑，敿乃干，無敢不弔㈠。備乃弓矢，鍛乃戈矛，礪乃鋒刃，無敢不善㈡。

【註釋】㈠徂，即金文習見之䖒或戲，語詞：于省吾說。淮夷，淮水下游一帶之夷人。徐戎，古徐州一帶之戎人。興，起；意謂作亂。敹（ㄌㄧㄠˊ），選擇：義見說文。乃，汝。冑，首鎧；即盔。敿（ㄐㄧㄠˇ），連繫。干，盾；擋箭牌。無，勿。弔，善。㈡鍛，鍛鍊。礪，磨。

【譯文】（魯僖）公說：「唉！你們這些人不要吵鬧，來聽從我的命令！現在淮夷，和徐戎通通起來作亂了，妥善地選擇你們身上披的甲和頭上戴的盔，用繩索把你們的擋箭牌連繫起來，不要敢於作得不好。準備你們的弓箭，鍛鍊你們的戈和矛，把它們的鋒刃磨好，不要敢於作得不妥當。

今惟淫舍牿牛馬，杜乃擭，斂乃穽，無敢傷牿。牿之傷，汝則有常刑㊂。

【註釋】㊂淫，大也：義見爾雅。舍，放置。牿（ㄍㄨˋ），牛馬牢。杜，說文作㪍，閉也。擭（ㄏㄨㄛˋ），捕野獸之機械。斂（ㄋㄧㄝˋ。廣韻：奴協切。），塞。穽，陷阱。無，勿。常刑，經常之刑。

【譯文】現在要大大地把牢中的牛馬放出來（到田野吃草），要關閉起你們捕獸的機械，堵塞了你們的陷穽，不要敢於傷害了這些從牢中放出來的牛馬。從牢中放出來的牛馬若是被傷害了，那麼你們就會受到經常的刑罰。

馬牛其風，臣妾逋逃，無敢越逐；祗復之，我商賚汝㊃。乃越逐不復，汝則有常刑。

【註釋】㊃鄭玄謂（見史記集解）：風，走逸也。臣，男僕之賤者；妾，女僕之賤者。逋，逃。無，勿。越，逾；謂離其部伍。逐，追趕。復，白；報告：尚書故說。商，便讀訓為賞。賚，賜。

【譯文】若是馬和牛走失了，男女奴隸逃跑了，你們不要敢於離開崗位去追趕他們；只要來報告這事（就好了），我就會賞賜你們。假若你們離開崗位去追趕而不報告的話，你們就會受到經常的刑罰。

無敢寇攘㊄：踰垣牆，竊馬牛，誘臣妾，汝則有常刑。

【註釋】㊄寇，劫掠。攘，因其來而竊之；即俗所謂順手牽羊。

【譯文】你們不要敢於搶劫或順手偷竊：像越過了人家的牆壁，偷竊人家的馬和牛，引誘人家的男女奴隸，那就有經常的刑罰加在你們身上。

甲戌，我惟征徐戎。峙乃糗糧，無敢不逮；汝則有大刑㊅。

【註釋】㊅以曆法推之，甲戌當為魯僖公十六年十二月二日。孫疏謂：峙，當作跱；具也。糗（ㄑㄧㄡˇ），煮熟後並經暴乾之米麥，以為旅行時之食物。糧，出行所攜之糧。不逮，意謂不能及時供應。

【譯文】甲戌這天，我要征伐徐戎。要準備你們出行用的乾糧，不要敢於不及時準備好；（如果不及時準備好，）那就有嚴重的刑罰加在你們身上。

魯人三郊三遂，峙乃楨榦；甲戌，我惟築㊆。無敢不供；汝則有無餘刑，非殺㊇。

【註釋】㊆邑外謂之郊；義見爾雅。遠郊之外曰遂；義見禮記王制鄭注。三郊三遂，當指魯東西南三面之郊遂言；魯北地遠故不供。峙，見前。楨榦，皆築牆所用木版；楨在兩端，榦在兩邊。築，謂修築壁壘。㈧供，供給。無餘刑、非殺，謂除殺之外，無不用之刑也：尚書故引金履祥說。

【譯文】　在魯國三方面近郊和遠郊的人們，準備好你們築牆用的木版；甲戌這天，我就要修築堡壘了。不要敢於不供給這些東西；（如果不供給，）你們就會受到所有的刑罰，除了被殺之外。

魯人三郊三遂，峙乃芻茭㈨，無敢不多；汝則有大刑。」

【註釋】　㈨芻，刈草。茭（ㄐㄧㄠ），乾芻。二者皆牛馬之飼料。

【譯文】　在魯國三方面近郊和遠郊的人們，準備好你們剛割下的草和乾草，（數量）不要敢於不豐富；（如果不豐富，）那就有嚴重的刑罰加給你們。」

呂　刑

呂，他書或作甫（便讀云：「呂甫同音通字。」）；國名，故地在今河南南陽縣西。舊謂本篇為周穆王誥呂侯之辭。鄭玄謂甫（呂）侯為穆王相，偽孔傳則謂呂侯為穆王司寇，兩說均未詳所本。傅孟真先生疑本篇為呂王之書（見所著中國古代文學史）；錢穆先生則謂此為晚出之書（見所著周官著作時代考），二說均甚有理致。惟二說皆尚有待於論定，茲姑仍舊說。

惟呂命㈠。王享國百年，耄荒；度作刑以詰四方㈡。

【註釋】㈠惟呂命，謂王命呂侯。㈡享國，謂在位。參無逸注。此指周享國言，謂周興以來至穆王已百年也：尚書故說。耄，老。荒，亦耄老也；義見禮記樂記鄭注。度，謂度量時宜。詰，猶禁也；義見周禮天官太宰之職鄭注。

【譯文】（現在）命令呂侯。君王（繼續著先王）享有國運已經一百年，王老了；就斟酌著（情勢）製作刑法來禁止天下（不守法的人）。

王曰：「若古有訓，蚩尤惟始作亂，延及于平民；罔不寇賊，鴟義姦宄，奪攘矯虔㈢。苗民弗用靈，制以刑，惟作五虐之刑曰法，殺戮無辜㈣。爰始淫為劓、刵、椓、黥，越茲麗刑幷制，罔差有辭㈤。

【註釋】㈢若，與越通；語詞。訓，教訓。蚩尤，相傳乃黃帝所戮之九黎國君。延及，牽連及之。平民，一般民眾。鴟，輕也：馬融說（見釋文）；謂怠慢無禮。義，讀為俄，邪也：述聞說。矯虔，謂撓擾：鄭玄說（見周禮司刑疏引）。㈣苗民，鄭玄謂是九黎之君（見正義）；君，疑民之誤。靈，禮記緇衣引作命。按：靈，古與令通。令，古與命通。弗用靈，謂不聽命。制，管制之。五虐之刑，意謂嚴峻之刑法。曰，與越通，與也：覈詁說。㊄淫，過。劓，割鼻。刵，截耳。椓，宮刑。黥，墨刑。越，語詞。麗，刑法。制，管制。差，擇。有辭，謂有罪狀者。

【譯文】 王說：「古代有這樣的教訓，蚩尤開始作亂，牽連到一般民眾；沒有人不攻擊別人、殺害別人，傲慢、邪惡、作亂，以致搶奪偷竊紛擾不安。九黎的苗民不服從政府的命令，（蚩尤）就用刑罰來管制他們，作了五種嚴厲的刑罰與法律，來屠殺無罪的人。於是他開始過度地制定了劓刵、刵刑、宮刑、墨刑，用這些刑法通通地管制人民，他並不選擇有罪的人（而加以懲罰）。

民興胥漸，泯泯棼棼，罔中于信，以覆詛盟㊅。虐威庶戮，方告無辜于上㊆。上帝監民，罔有馨香德，刑發聞惟腥。皇帝哀矜庶戮之不辜，報虐以威，遏絕苗民，無世在下㊇。乃命重黎，絕地天通，罔有降格㊈。羣后之逮在下，明明棐常，鰥寡無蓋㊉。皇帝清問下民，鰥寡有辭于苗。德威惟畏，德明惟明⑪。

【註釋】 ㊅民，指苗民言。興，起。胥，相。漸，猶詐也：孫疏說。泯泯棼（ㄈㄣˊ）棼，紛亂貌。中（ㄓㄨㄥˋ），猶合也。覆，反；背。詛（ㄗㄨˇ），禱於神靈。㊆威，懲罰。庶戮，眾受戮者。孫疏謂：方，與旁通；溥也。上，謂上天。㊇監，視。民，指苗民言。馨香德，意謂美德善行。發，舉；升。皇帝，謂上帝。哀矜，憐閔。不辜，無罪。報虐以威，謂用懲罰報復暴虐者。遏，便讀讀為竭；盡也。世，嗣也；義見國語晉語註。下，謂人間。㈨重、黎，二人名，相傳為顓頊時分司天地之官。降格，神降臨。㈩羣后，眾諸侯。逮，待遇。在下，謂民眾。明明，黽勉。棐，與非通；墨子尚賢中引作不。蓋，便讀讀為害。㈡清，明審也；義見荀子楊注。此下民，指苗民以外之民眾而言。墨子尚賢中引此節，「皇帝清問」以下十二字，在「罔有降格」之下；「羣后」以下十四字，在「有辭于苗」之下。德威，謂行為殘暴。畏，與威通；懲罰。德明，謂行為光明。惟明之明，顯揚也。

【譯文】　於是苗民都起來互相欺詐，紛紛擾擾，沒有合乎誠信之道的，以至背叛了在神前禱告所訂立的盟約。蚩尤殘暴地來懲罰受殺害的民眾，人們普遍地報告上天聲明祂們沒有罪過（而受到懲罰）。上帝看了這些苗民們，都沒有芳香的美德，而（蚩尤的）刑罰氣味上升（被天）所聞到的只是腥氣。偉大的上帝憐憫這些受殺害的民眾們無罪，於是他就用懲罰來報復殘暴的人，便絕滅了苗人（指苗民的君主言），使他們沒有後代在人間。於是命令重和黎二人，斷絕人間和天上的交通，天神就不再降臨下來。因而眾諸侯待遇百姓們，就非常勉勵，以至孤苦無依的人也都沒有災害了。偉大的上帝明白地來問百姓們，孤苦無告的人對於苗人都認為有罪狀。（上帝）於是對行為殘酷的就加以懲罰，對行為光明的就加以顯揚。

乃命三后，恤功于民：伯夷降典，折民惟刑；禹平水土，主名山川；稷降播種，農殖嘉穀。三后成功，惟殷于民㈢。士制百姓于刑之中，以教祗德(一三)。穆穆在上，明明在下，灼于四方，罔不惟德之勤。故乃明于刑之中，率乂于民棐彝(一四)。典獄非訖于威，惟訖于富。敬忌，罔有擇言在身(一五)。惟克天德，自作元命，配享在下(一六)。」

【註釋】(一二)三后，謂伯夷、禹、及稷。恤，慎。功，事功。降，謂發布。典，法。折，制；裁判。主名山川，謂主管為山川命名之事。稷，后稷。殖，種。嘉，美。殷，正。便讀謂：此言使民正而不邪。(一三)士，官名；司訟獄。制，裁判。百姓，民眾。中，適當；意謂公正。祗，敬謹。(一四)穆穆，美好。在上，指君長言。明明，黽勉。在下，指臣民言。灼，明著。之，是。勤，奮勉。明，勉。率，用。乂，治。棐彝，謂非法者。(一五)典，掌管。訖，竟也；終也：述聞說。按：意謂最後之目的。威，懲罰。富，述聞讀為福。敬忌，敬畏。擇，讀為斁，敗也：述聞說。(一六)惟，猶乃也。克，肩也：義見說文。按：即負荷意。作，成就。元命，大命；意謂王業。配享，謂配合天命而享有天下。下，指人間言。

【譯文】於是命令三位君主，慎重於治民的事業：伯夷發布了法典，判斷民眾（的案件）就依照刑法；禹平定了水土，主持著為山川取名的任務；后稷發布下播種（的方法），農民們都種植了優良的穀物。三后成功之後，民眾就都正直不邪了。獄官們判決犯人能用公正的刑罰，用以教導百姓們謹慎於德行。於是在上的君主就能穆然美好，在下的官員和民眾們都能非常奮勉。因而功業顯著在天下，沒有不奮勉地遵守美德的。所以他們都能勉力地使刑罰做得公正，用以治理那些不守法的民眾們。掌管審判的最終目的，並不是為了懲罰民眾，而是以造福民眾為目的。要能敬畏（天命），沒有不合理的話語從自己本身發出。只是負荷著老天的美德（依照天意），自己造成了偉大的命運，配合天意而在人間享有國運。」

王曰：「嗟！四方司政典獄。非爾惟作天牧？今爾何監，非時伯夷播刑之迪㊆？其今爾何懲？惟時苗民，匪察于獄之麗；罔擇吉人，觀于五刑之中；惟時庶威奪貨，斷制五刑，以亂無辜㊇。上帝不蠲，降咎于苗；苗民無辭于罰，乃絕厥世㊈。」

【註釋】 ㊆司，管理。典，主持。天牧，為天治理民眾者；此指諸侯言。監，意謂取法。時，是。播，傳布。迪，道。㊇懲，戒。麗，法。吉人，善人。觀，諦視也；義見說文。五刑，見後文。中，適當；公正。庶威，眾威虐者。奪貨，掠奪財物者。㊈蠲，猶赦也：尚書故說。無辭于罰，意謂罪有應得，無辭以自解。

【譯文】 王說：「唉！你們四方管理政治的人和主持刑獄的官員們。你們不是替老天管理民眾的嗎？現在你們要何所取法呢？那不就是伯夷所傳布下來的刑法的道理嗎？現在你們要以什麼作為懲戒呢？

就是這些苗民（指苗民之君言），不能詳察於判案子的刑法；不能選擇善良的人，（讓他們）仔細觀察五刑的適當辦法；他們只是（任用）一些暴虐的人、以及掠奪財物的人，來照著五刑去審判案子，因而擾亂了無罪的人。上帝不能再赦免他們了，就降下了災殃給苗民（苗民之君）；苗民對於上帝的懲罰也無話可說，所以就斷絕了他們的後代。」

王曰：「嗚呼！念之哉！伯父、伯兄、仲叔季弟、幼子、童孫，皆聽朕言，庶有格命㊀。今爾罔不由慰日勤，爾罔或戒不勤㊁。天齊于民，俾我一日；非終惟終，在人㊂。爾尚敬逆天命，以奉我一人。雖畏勿畏，雖休勿休；惟敬五刑，以成三德㊂。一人有慶，兆民賴之，其寧惟永㊃。」

【註釋】㊀格命，謂神降臨而命令之。㊁由，用。慰，勉。日，釋文云：「一音曰。」按：曰，與聿通，語詞。勤，奮勉。戒，讀為誡；勸勉。㊂齊，資之假；助也。俾，一作假，給予。非終惟終，謂不當終而終。㊂逆，迎。休，喜。敬，謹慎。三德，其義未詳；似非洪範之剛、柔、正直三德。㊃慶，福祥。寧，安。惟，猶乃也。

【譯文】王說：「唉！你們要考慮考慮呀！伯父、伯兄、仲叔季弟、年輕的兒子、幼稚的孫子，你們這些人都要能聽從我的話，那麼，神靈才可能降臨而命令我們。現在你們沒有不互相勉勵著奮勉（作事）的，你們沒有人鼓勵著不奮勉的。老天扶助百姓們，給了我們一個時間；國運若還不應終了時而竟然終了了，這完全在於人為（的因素）。你們可要謹慎地迎接天的命令，來擁護我個人。雖然遇到可怕的事你們也不要害怕，雖然遇到可喜的事你們也不要喜悅；只是謹慎於五刑，用以成就了三種美德。天子一個人若有幸福，天下所有的人都靠著他（而有了幸福），那麼，國家的安寧就可以長久了。」

王曰：「吁！來！有邦有土，告爾祥刑㉕。在今爾安百姓，何擇、非人？何敬、非刑？何度、非及㉖？兩造具備，師聽五辭；五辭簡孚，正于五刑；五刑不簡，正于五罰；五罰不服，正于五過；五過之疵，惟官、惟反、惟內、惟貨、惟來，其罪惟鈞，其審克之㉗。五刑之疑有赦，五罰之疑有赦，其審克之㉘。簡孚有眾，惟貌有稽；無簡不聽，具嚴天威㉙。

【註釋】㉕有邦有土，指諸侯言。祥，善。㉖安，安定。人，謂官吏。敬，謹慎。度，猶謀也。及，史記作宜。㉗造，一作遭。兩造，猶言兩曹：尚書故引錢大昕說。說文段注，謂兩曹，即原告被告。具，俱。師，士師；即獄官。五辭，五刑之辭。便讀謂：辭，即俗所謂口供。簡，核。尚書故謂：孚，驗也。正，定也：便讀說。不簡，意謂不能核實。五罰，謂五等罰金。五過，審判者之五種過失；即下文所言者。疵，病。官，謂挾威勢。反，謂報恩怨。貨，謂行賄。來，謂請託。以上皆孫疏說。內，女謁：便讀說（即私下拜見）。鈞，等。克，漢書刑法志引作核。㉘疑，謂有可疑處。㉙貌，史記作訊。有稽之有，以也。聽，受理。具，共。嚴，謹。天威，天之懲罰。

【譯文】王說：「唉！過來！你們這些有國家有土地的人們，（我來）告訴你們良善的刑法。現在你們來安定民眾，要選擇什麼呢，不是（好的）官員嗎？要謹慎什麼呢，不是刑法嗎？要計畫什麼呢，不是適宜（的事情）嗎？原告和被告兩方都齊全了，法官依照五刑來審問口供；（合乎）五刑的口供都考核證實了，就按照五等刑法來定罪；如果依照五刑所定的罪並不能核實，那就按照五等罰金的法律來處罰罪犯；如果依照五罰所定的罪還不能使罪犯心服，那就要從（官員的）五種過失方面去定罪；五種過失的毛病，就是依仗官的權勢、報復恩怨、走內線、行賄賂、拜託，這五種過失的罪是相等的，可要仔細考核它呀。依照五刑所判的罪如有可疑的則有赦免的辦法，依照五罰辦法所判的罪如有可疑的也有赦免的辦法，可要仔細地考核清楚。要核驗罪犯，只有用審問的方法來考核；假如沒辦法可以核實，那就不受理這案子，（我們）要共同謹慎於老天的懲罰。

墨辟疑赦，其罰百鍰，閱實其罪㉚。劓辟疑赦，其罰惟倍，閱實其罪㉛。剕辟疑赦，其罰倍差，閱實其罪㉜。宮辟疑赦，其罰六百鍰，閱實其罪㉝。大辟疑赦，其罰千鍰，閱實其罪㉞。墨罰之屬千，劓罰之屬千，剕罰之屬五百，宮罰之屬三百，大辟之罰，其屬二百：五刑之屬三千㉟。

【註釋】㉚墨，黥。辟（ㄆ・ㄧ），罪。疑赦，謂其罪有可疑時，則赦其肉刑，而易之以罰。鍰（ㄏㄨㄢˊ），古圓形貨幣（王獻唐先生漢書食貨志訂議說），通用於周代。閱實，猶言核實。㉛惟倍，謂倍於墨罰。㉜剕（ㄈㄟˋ），刖足。倍差，謂不及劓罰之倍；意謂三百鍰。㉝宮刑：男子割勢，女子幽閉宮中。六百，史記一本作五百。㉞大辟，死刑。㉟墨罰之屬千，意謂應判墨罰之罪者，其類凡千種。

【譯文】犯了墨刑之罪而有可疑時，就赦免他，而罰款一百個錢，但是要核實了他的罪過。犯了劓刑之罪而有可疑時，就赦免他，那罰款比墨罰要加倍，也要核實他的罪過。犯了剕刑之罪而有可疑時，就赦免他，那罰款比劓罰要加一倍還差些，也要核實他的罪過。犯了宮刑之罪而有可疑時，就赦免他，那罰款是六百個銅錢，也要核實他的罪過。犯了死刑之罪而有可疑時，也赦免他，那罰款是一千個銅錢，也要核實他的罪過。墨罰的種類共有一千條，劓罰的種類也有一千條，剕罰的種類有五百條，宮罰的種類有三百條，死刑罰款的種類有二百條：總計五刑的種類共有三千條。

上下比罪，無僭亂辭，勿用不行；惟察惟法，其審克之㊱。上刑適輕下服，下刑適重上服，輕重諸罰有權㊲。刑罰世輕世重，惟齊非齊，有倫有要。罰懲非死，人極于病㊳。非佞折獄，惟良

折獄，罔非在中㊴。察辭于差，非從惟從。哀敬折獄，明啟刑書胥占，咸庶中正㊵。其刑其罰，其審克之。獄成而孚，輸而孚；其刑上備，有幷兩刑㊶。」

【註釋】㊱比，例也。罪無正律則以上下為比例：大義說。僭，差。辭，謂囚犯口供及審判之辭。孫疏謂：不行，指已廢之法言。察，詳審。法，謂依法律。㊲上刑，謂重刑。適，宜。下服，謂服減等之刑。上服，謂服加等之刑。權，衡量。㊳世，後漢書應劭傳引作時。倫，理。要，猶中也：便讀說。中，謂中正。極，困阨（戹）。㊴佞，謂佞人。折獄，審判。良，謂善人。中，公正。㊵孫疏謂：差，不齊一也。從，服從。惟，乃。哀敬，即哀矜。啟，打開。胥，相。占，揣度。咸，皆。庶，庶幾。㊶成，定。孚，謂得其實情。輸，述聞讀為渝，變也；謂改變原判。上備，謂列具文書奏上。有幷兩刑，意謂二罪以上，併科一刑。本孫疏說。

【譯文】（如遇法律上沒有明文規定的罪），就照著上下的比例來定罪，不要使犯人的口供及判辭錯亂了，不要用已經不通行的法律；審判時要仔細審查要依照法理，要仔細考核清楚。假若判了重刑而宜於減輕一點，那就減輕他的刑罰；假若判了輕刑而宜於加重一點，那就加重他的刑罰；刑罰的輕重，都要加以衡量。刑罰有時輕有時重，只是為了要使不整齊（不合法）的人趨向於整齊。（審判）一定要有道理而能公正。懲罰雖然不是置犯人於死地，但是受刑的人都會為痛苦所困阨。不要用諂佞的人審判案子，只要用善良的人審判案子，目的無非在求得到公正。要詳細地考察口供的不一致，那麼，不服從的人才會服從。要懷著憐憫的心情去審判案子，要明白地打開刑書來斟酌（條文），那麼，庶幾乎所判的案子都可以公正了。對於刑或罰，可要考核清楚。案子要判定必須能得到實情，如要改變判決，也要得到實情；判定了刑罰要把案情報告朝廷，有時要把兩種罪刑合併為一種刑罰來執行。

王曰：「嗚呼！敬之哉！官伯族姓㊷。朕言多懼。朕敬于刑，有德惟刑㊸。今天相民，作配在下，明清于單辭㊹。民之亂，罔不中聽獄之兩辭；無或私家于獄之兩辭㊺。獄貨非寶，惟府辜功，報以庶尤㊻。永畏惟罰；非天不中，惟人在命。天罰不極庶民，罔有令政在于天下㊼。」

【註釋】 ㊷官伯，刑官之長；族姓，同姓之臣：便讀說。㊸敬，謹。有德，謂有德者。惟，猶乃。惟刑，謂乃能主持刑罰。㊹相，助。作配，謂配合天意。下，謂人間。清，明審。單辭，一面之辭。㊺亂，治。中聽，以中正之態度聽之。兩辭，兩造之辭。無，勿。家，當作圂。因金文家圂二字形近而誤。圂，亂也。㊻獄貨，訊獄時所受之財貨。非寶，意謂不足貴。府，取也；義見廣雅。辜功，犯罪之事。報，報復。庶尤，眾怨。㊼畏，敬畏。罰，刑罰。中，公正。在，察。命，謂天命。極，至。令，善。

【譯文】王說：「唉！要謹慎呀！眾刑官們、和同姓的官員們。我所說的話多半是恐懼之言。我是慎重刑罰的，只有有德行的人才能主持刑罰。現在老天扶助民眾們，我們在人間要配合著上帝的意旨，要明白地聽取單方面的口供。人民所以能夠平安，沒有不是由於（審判官）公正地聽取訟案兩方面的口供的；可不要有時私自混亂了訟案兩方面的口供。審判案子時所受的賄賂不是可貴的，那只是取得犯罪的事，所得的報復是眾人的怨恨。永遠可敬畏的事就是刑罰；並非老天不公正，只是人們應察看老天的命令。天定的刑罰若不能到達（加在）民眾身上，就沒有優良的政治在天下了。」

王曰：「嗚呼！嗣孫。今往何監、非德㊽？于民之中，尚明聽之哉㊾！哲人惟刑，無疆之辭，屬于五極，咸中、有慶㊿。受王嘉師，監于茲祥刑(五一)。」

【註釋】㊽嗣孫，謂諸侯繼嗣之孫；此指呂侯言。今往，自今以往。㊾中，案情；義見周禮小司寇之職。尚，庶幾。聽，謂聽獄。㊿無疆，無窮。屬，猶合也；義見禮記經解注。極，中正。述聞謂：五極，謂五刑之中也。慶，福祥。(五一)嘉，善。師，眾；指眾民言。監，視。祥，善。

【譯文】王說：「唉！你這繼承先公的孫子。從今以後你取法於什麼，難道不是美德嗎？因此對於民眾的案件，你要明白地審判呀！只有明智的人才能主持刑法，審判無窮無盡的口供，要能合乎五刑的公正之道，如果都能公正，那就有幸福了。（你）接受了王朝的善良民眾，要正視這良善的刑法。」

文侯之命

幽王被弒於驪山之下，晉文侯、鄭武公助平王平定亂事，平王因得即位於東都。此平王念晉文侯之功，而錫命之之辭也。史記以本篇為周襄王錫晉文公之辭，誤。說見拙著「尚書文侯之命著成的時代」一文。

王若曰：「父義和㊀！丕顯文武，克慎明德，昭升于上，敷聞在下；惟時上帝集厥命于文王㊁。亦惟先正，克左右昭事厥辟；越小大謀猷，罔不率從。肆先祖懷在位㊂。

【註釋】㊀王，周平王。父，謂父輩也；天子稱同姓諸侯如此。義和，晉文侯名仇字義和。㊁文武，文王、武王。敷，溥。下，謂人間。惟時，於是。集，降落。㊂先正，謂先王之諸臣。左右，與佐佑同義，即輔佐。昭，相導。辟，君。越，與粵通，發語詞。猷，謀。率從，遵從。肆，故。懷，安。

【譯文】王如此說：「義和尊長！顯赫的文王和武王，都能謹慎於光明的美德，（他們的美德）明顯地升到天上，普遍地被人間所聞知；於是上帝就把國運降落在文王身上。也因為過去的官長們，都能輔佐、相導、侍奉他們的君王；凡是（君王的）大小計畫，（他們）沒有不遵從的。所以先祖們能安然地在君王的職位。

嗚呼！閔予小子嗣，造天丕愆；殄資澤于下民，侵戎，我國家純㈣。即我御事，罔或耆壽俊在厥服，予則罔克㈤。曰惟祖惟父，其伊恤朕躬。嗚呼！有績，予一人永綏在位㈥。

【註釋】㈣閔，猶言可憐。嗣，謂繼承王位。造，遭。丕，語詞。愆，罪。殄，絕。資，財。澤，祿；亦謂財產。下民，民眾。侵戎，為犬戎所侵。純，與屯通，困難。㈤即，今。耆壽，謂老成人。俊，當讀為金文習見之畯；語詞。服，職位。克，勝；意謂成功。㈥曰，與聿通；語詞。祖、父，皆指同姓諸侯言。伊，維。恤，憂。績，功。綏，安。

【譯文】唉！可憐我這青年人來繼承了先王的帝業，就遭逢了老天所給的罪過；民眾們的財產通通沒有了，又被犬戎侵略，我們國家遭到了困難。現在我們的官員們，（如果）沒有老成人守著他們的崗位，我就不能擔負起（這個任務）。因此祖父父輩們，（你們）要憂慮我本人。唉！你們有了功勞，我個人才能永遠安然地在天子的職位。

父義和！汝克昭乃顯祖；汝肇刑文武，用會紹乃辟，追孝于前文人㈦。汝多修，扞我于艱；若汝，予嘉㈧。」

【註釋】㈦昭，同紹：尚書故說。紹，繼也。乃，汝。肇，語詞。刑，法。尚書故謂：會，期。紹，昭；顯。乃，汝。辟，君。追，補也。已亡故之祖先，不克面盡孝道，故曰追孝。前文人，祖先。⑧戰功曰多。修，美。扞（ㄏㄢˋ），衛。艱，謂艱難之際。嘉，美。

【譯文】義和尊長！你能夠繼承著你那顯赫的祖先；你能效法文王武王，來期望著顯揚你的君主，追補孝道於你的祖先們。你的戰功很好，在我困難的時期來保衛我；像你這樣的人，是我所贊美的。」

王曰：「父義和！其歸視爾師，寧爾邦⑨。用賚爾秬鬯一卣；彤弓一，彤矢百；盧弓一，盧矢百；馬四匹⑩。父往哉！柔遠能邇，惠康小民，無荒寧，簡恤爾都，用成爾顯德⑪。」

【註釋】⑨視，意謂照顧。師，指民眾言。寧，安定。⑩賚，賞賜。秬鬯一卣，參雒誥註。彤，赤色。天子以弓矢賜有大功之諸侯，使專征伐。盧，黑色。金文及他書盧字或作旅，或作玈。僖公二十八年左傳所載周襄王賜晉文公之物，與本篇所載者不同；即此亦可知本篇非襄王命晉文公之書。⑪柔遠能邇，參堯典注。惠，愛。康，安。周書謚法篇：「壹德不解（懈）曰簡。」恤，憂念；顧慮。爾都，意謂晉國。顯德，光顯之德。

【譯文】王說：「義和尊長！你要回去照顧你的民眾，安定你的國家。我來賞賜你黑黍酒一壺；紅色弓一支，紅色箭一百支；黑色弓一支，黑色箭一百支；以及四匹馬。去吧長輩！要使遠方和近處一樣地安定，要愛護安定小百姓們，不要過度享樂，一心一意地顧慮著你的國家，來成就你那光明顯耀的德行。」

秦誓

秦穆公三十三年，命孟明視、西乞術、白乙丙伐鄭；蹇叔諫，不聽。因鄭人有備，秦師未至鄭，滅滑而還。師歸至崤，為晉襄公所敗。事見僖公三十二及三十三年左傳。本篇乃因殽之役，秦穆公悔恨之誓辭也。

公曰：「嗟！我士！聽無譁！予誓告汝羣言之首㊀。

【註釋】㊀公，秦穆公。士，謂羣臣。首，本也：義見禮記曾子問鄭注。猶今語所謂要旨、要點。

【譯文】公說：「唉！我的官員們！你們聽著，不要喧嘩！我現在來告訴你們許多話的要點。

古人有言曰：『民訖自若是多盤。責人斯無難；惟受責俾如流，是惟艱哉㊁。』我心之憂：日月逾邁，若弗云來㊂。惟古之謀人，則曰未就予忌；惟今之謀人，姑將以為親㊃。雖則云然，尚猷詢茲黃髮，則罔所愆㊄。番番良士，旅力既愆，我尚有之㊅。仡仡勇夫，射御不違，我尚不欲。惟截截善諞言，俾君子易辭，

我皇多有之㈦！

【註釋】㈡正義謂：訖，盡也。盤，樂。俾，使。㈢逾，過。邁，行。若，乃也：義見小爾雅。云，語詞。㈣就，接近。騈枝謂：忌，語詞。姑將，姑且。㈤猷，與猶通。黃髮，老者。愆，過失。㈥番（ㄅㄛ），孫疏讀為皤；云：皤皤，老人白髮貌。旅，讀為膂。「有之」之有，親也；沭聞有說。㈦仡（ㄧˋ）仡，勇壯貌。違，失；差錯。截截，公羊傳引作諓諓；巧言貌。諞（ㄆㄧㄢˋ），巧言。君子，指君主言。易辭，公羊傳引作易怠；輕惰也。皇，暇。

【譯文】古人有句話說：『人們都是自己這樣地多多享樂。責斥別人沒有什麼困難；可是受人指責而自己能像流水一般（順暢地接受），就困難了。』我心中的憂愁，是日子一天天地走過去了，再也不會回來。古代有謀略的人，他們就不能接近我了；對於現今的謀士，姑且將他們當作親近的人。雖如此說，我尚且要詢問那老年人，就不會有過錯了。白髮皤皤的優良之士，他的體力已經差了，我尚且親近他。那英勇強壯的武人，射箭和駕車的技術都不錯，我尚且不喜歡他們。像諓諓然善於花言巧語的人，使君主怠慢鬆懈，我那裡有工夫多多親近他們呢！

昧昧我思之：如有一介臣，斷斷猗，無他技；其心休休焉，其如有容㈧。人之有技，若己有之；人之彥聖，其心好之，不啻如自其口出：是能容之。以保我子孫黎民，亦職有利哉㈨。人之有技，冒疾以惡之；人之彥聖，而違之，俾不達：是不能容。以不能保我子孫黎民，亦曰殆哉㈩。

【註釋】㈧昧昧，猶默默也：便讀說。介，大學引作个。介，即个也；孫疏有說。斷斷，誠篤專一貌。猗，與兮通；語詞。大學引作兮。休休，寬容貌。如，猶乃也：釋詞說。㈨彥，美士；猶賢也。聖，明哲。不啻，不但。是，實。亦，語詞，無承上啟下之義。職，猶實也。㈩冒，與媢通，妒也。疾，嫉。違，戾；意謂牽制。俾，使。達，顯。殆，危。

【譯文】我默默地在想：假如有一個官員，非常誠實專一（忠貞），而沒有其他的技能；他的胸懷寬大，能夠容人。別人若有技能，就好像他自己具有能力一般；別人若賢良明智，他由衷地喜愛他，不但是像他口中所說的那樣；而是真誠地能寬容他。（這種人）用來保護我的子孫民眾，那實在是有利啊。別人若有才能，他就妒忌地討厭他；別人若賢良明智，他就牽制他、使他不能顯達：（這種人）實在不能寬容人。用這種人就不能保護我的子孫民眾，那就危險了。

邦之杌隉，曰由一人；邦之榮懷，亦尚一人之慶㈡。」

【註釋】㈡杌（ˋㄨ）隉（ㄋ一ㄝˋ），不安。一人，穆公自謂。國語晉語韋注謂：榮，樂也。懷，安。尚，庶幾。慶，幸福。

【譯文】 國家若危險不安，是由於我個人（的關係）；國家若繁榮安寧，那庶幾乎是我個人的幸福。」

附錄

書序

昔在帝堯，聰明文思，光宅天下㊀。將遜于位㊁，讓于虞舜，作堯典㊂。

【註釋】㊀按：光，廣也。宅，讀為度。光宅天下，謂廣度天下之事。㊁遜，退。㊂本篇今存。

虞舜側微㊀，堯聞之聰明，將使嗣位，歷試諸難。作舜典㊁。

【註釋】㊀側，伏也；意謂隱伏民間。微，賤也；義見玉篇。㊁歷，數也；屢也。舜典原本已佚；偽孔本割堯典「慎徽五典」以下，謂之舜典；並於「慎徽五典」上，杜撰「曰若稽古帝舜」等二十八字。

帝釐下土方，設居方㊀，別生分類㊁。作汨作、九共九篇、槀飫㊂。

【註譯】㊀釐，賜也；理也：馬融說（見正義）。一讀「帝釐下土」絕句。按：詩長發云：「禹敷下土方。」書序蓋因此語為之，應以「下土方」絕句。帝，蓋謂上帝；下土方，民間之國也。設居方，謂設施可居之處。㊁生，姓。別生分類，言分別其族類而治之；偽孔傳說。㊂汨作、九共、稾飫（ㄩˋ）三篇，今皆失傳。

皐陶矢厥謨，禹成厥功，帝舜申之㊀。作大禹、皐陶謨、益稷㊁。

【註釋】㊀矢，陳也；義見爾雅釋詁。申，重也（義亦見釋詁）；言重申二子之謀。以上本偽孔傳說。㊁大禹謨，已佚。見於偽孔本者，乃後人偽作。皐陶謨，今存。益稷，馬鄭本作棄稷；原文已佚。偽孔本分皐陶謨「帝曰來禹」以下，謂之益稷，非是。

禹別九州，隨山濬川㊀。任土作貢㊁。

【註釋】㊀隨山，謂隨山刊木；濬川，謂疏導河流。㊁任土，正義引鄭玄云：「謂定其肥磽（ㄑㄧㄠ）之所生。」任土作貢下，段玉裁疑當有作禹貢三字。禹貢，今存。

啟與有扈戰于甘之野，作甘誓。

【註釋】甘誓，今存。

太康失邦，昆弟五人，須于洛汭㈠。作五子之歌㈡。

【註釋】㈠太康，啟子。須，止也：馬融說（見正義）。㈡五子之歌，原文已佚；今本乃偽作。

羲和湎淫，廢時亂日㈠；胤往征之，作胤征㈡。

【註釋】㈠羲和，羲氏和氏；相傳二氏世為日官。湎，飲酒過度。淫，荒淫。時，四時。日，日之干支。㈡胤，鄭玄以為臣名（見史記集解）；偽孔傳以為國名。征，征伐。本篇原文已佚；今傳者乃偽作。

自契至于成湯八遷，湯始居亳，從先王居㈠。作帝告、釐沃㈡。

【註釋】㈠湯所居之亳，王國維謂在今山東曹縣南；見所著說亳。相傳帝嚳居亳，故云從先王居。㈡告，史記作誥，一作偕。史記無釐沃二字，孫疏因疑帝告釐沃乃一篇。原文已佚。

湯征諸侯，葛伯不祀㈠，湯始征之，作湯征㈡。

【註釋】㈠葛，夏嬴姓侯國：孫疏引孟子趙注說。㈡湯征篇已佚。

伊尹去亳適夏，既醜有夏，復歸于亳㊀。入自北門，乃遇汝鳩汝方㊁。作汝鳩、汝方㊂。

【註釋】㊀適，往也。去亳適夏，謂去湯適桀也。醜，惡；厭惡。㊁江聲據史記，謂：乃，衍文。汝鳩、汝方，湯二臣名。㊂汝鳩、汝方，乃二篇名，原文皆佚。

伊尹相湯伐桀，升自陑，遂與桀戰于鳴條之野㊀。作湯誓㊁。

【註釋】偽孔傳謂：陑，地名，在河曲之南。孫疏則謂：陑字說文所無，不知何字之誤，亦未詳其地所在。按：升，登也。鳴條，偽孔傳謂在安邑西。孫疏據呂氏春秋簡選篇、淮南主術訓、修務訓，以為應從鄭注，謂鳴條為南夷之地。㊁湯誓，今存。

湯既勝夏，欲遷其社㊀，不可。作夏社、疑至、臣扈㊁。

【註釋】㊀遷社，謂遷移夏之社神。㊁三篇皆亡（孫疏謂：疑至臣扈，恐為一篇。）。

夏師敗績，湯遂從之，遂伐三朡，俘厥寶玉㊀。誼伯仲伯作典寶㊁。

【註釋】㈠敗績，謂大敗。從，追逐。三朡（孫疏謂或作艐、嵏），國名：偽孔傳說。俘，虜取。㈡誼伯、仲伯，二臣名。誼，或作義。仲，或作中。典寶，篇名；已亡。

湯歸自夏，至于大坰㈠。仲虺作誥㈡。

【註釋】㈠大坰，地名；其地所在未詳。㈡仲虺，湯左相；奚仲之後：偽孔傳說。本篇已亡。今本「仲虺之誥」，乃後人偽作。

湯既黜夏命㈠，復歸于亳。作湯誥㈡。

【註釋】㈠黜，貶黜。黜夏命，謂克夏也：正義說。㈡本篇已佚；今傳者乃後人偽作。

咎單作明居。

【註釋】咎單，人名；湯司空：馬融說（見史記集解）。本篇已亡。

成湯既沒，太甲元年，伊尹作伊訓、肆命、徂后。

【註釋】三篇皆亡。偽古文本有伊訓，乃後人偽作。

太甲既立，不明；伊尹放諸桐㈠。三年，復歸于亳，思庸㈡。伊尹作太甲三篇㈢。

【註釋】㈠桐，地名；相傳在今河南偃師縣。㈡思，念也；庸，常也。義並見釋詁。言思念常道：偽孔傳說。㈢太甲三篇，皆佚。偽孔本有太甲上、太甲中、太甲下三篇，皆偽作。

伊尹作咸有一德。

【註釋】本篇已佚。偽孔本有之，乃偽作者。

沃丁既葬伊尹于亳，咎單遂訓伊尹事㈠，作沃丁㈡。

【註釋】㈠咎單，殷賢臣。訓，道也：義見詩烝民毛傳。㈡沃丁篇已亡。

伊陟相太戊，亳有祥桑穀共生于朝㈠；伊陟贊于巫咸，作咸乂四篇㈡。

【註釋】㈠伊陟，伊尹子。太戊，太庚子。祥，妖異。桑、穀，皆木名。㈡贊，告。咸，人名；時為巫官；故稱巫咸。咸乂，篇名；已亡。

太戊贊于伊陟㈠，作伊陟、原命㈡。

【註釋】㈠贊，告。㈡伊陟、原命，二篇皆亡。

仲丁遷于囂㈠，作仲丁㈡。

【註釋】㈠仲丁，太戊子。囂，地名，即敖；故地在今河南滎陽縣。㈡此仲丁，篇名；今已亡。

河亶甲居相㈠，作河亶甲㈡。

【註釋】㈠河亶甲，仲丁之弟。相，地名；在今河南內黃縣境。㈡此河亶甲，篇名；已亡。

祖乙圮于耿㈠，作祖乙㈡。

【註釋】㈠祖乙，史記殷本紀謂河亶甲子；據殷虛卜辭，乃仲丁子也。說見王國維所著殷卜辭中所見先公先王續考。圮，毀也；謂國都毀於水。耿，史記作邢，地名；故地在今山西河津縣。㈡本篇已亡。

盤庚五遷，將治亳殷，民咨胥怨㈠。作盤庚三篇㈡。

【註釋】㊀「將治亳殷」，正義謂孔子壁中尚書作「將始宅殷」。是也。宅殷，謂遷居於殷。咨，嗟。胥，相。㊁盤庚三篇，今存。

高宗夢得說，使百工營求諸野，得諸傅巖㊀。作說命三篇㊁。

【註釋】㊀高宗，殷王武丁也；小乙之子。說，武丁夢中所得賢人。傅，地名。巖，穴也。㊁說命三篇皆亡；偽孔傳有之，乃後人偽作。

高宗祭成湯，有飛雉升鼎耳而雊㊀；祖己訓諸王，作高宗肜日，高宗之訓㊁。

【註釋】㊀雉，山雞。雊，雄雉鳴也。㊁祖己，殷賢臣。高宗肜日，今存。高宗之訓，亡。

殷始咎周，周人乘黎㊀。祖伊恐，奔告于受㊁。作西伯戡黎㊂。

【註釋】㊀咎，惡。乘，勝也；孫疏本鄭玄說。黎，國名。㊁祖伊，殷賢臣。受，紂名。㊂西伯戡黎，今存。

殷既錯天命，微子作誥父師少師。

【註釋】錯，廢也：馬融說（見釋文）。本篇名微子，而序未言篇名，乃省文。今存。

惟十有一年，武王伐殷；一月戊午，師渡孟津㈠。作泰誓三篇㈡。

【註釋】㈠孟津，黃河渡口名；在今河南孟縣。㈡泰誓，已亡。漢時河內女子所獻之泰誓，亦亡。偽孔本泰誓三篇，皆偽作。

武王戎車三百兩，虎賁三百人，與受戰于牧野㈠。作牧誓㈡。

【註釋】㈠戎車，兵車。兩，即今之輛字。虎賁，勇士之稱。受，紂名。牧，地名；說見本書牧誓篇。㈡本篇今存。

武王伐殷，往伐，歸獸，識其政事㈠。作武成㈡。

【註釋】㈠獸，與狩通。周書世俘篇，言伐紂之後，武王狩禽；則歸狩，謂克紂之後，武王狩獵也：本簡朝亮尚書集註述疏說。識其政事，蓋謂記述武王伐殷後所作之措施。㈡武成篇，孔壁古文有之，亡於東漢建武之際；今傳者乃偽本。

武王勝殷殺受，立武庚，以箕子歸㈠。作洪範㈡。

【註釋】㈠受，紂名。武庚，紂子（名祿父）；周封之以嗣殷祀者。以，與也。以箕子歸，言與箕子共歸鎬京也。㈡洪範，今存。

武王既勝殷，邦諸侯，班宗彝㈠。作分器㈡。

【註釋】㈠邦，史記作封。邦諸侯，謂分封諸侯也。按：班，分也；義見國語周語注。宗彝，宗廟之彝器也。㈡分器篇，已亡。

西旅獻獒，太保作旅獒。

【註釋】旅，正義據鄭玄說，謂是西戎國名。爾雅云：「狗四尺為獒。」太保，偽孔傳謂是召公奭。旅獒篇已亡；今傳者乃偽本。

巢伯來朝，芮伯作旅巢命。

【註釋】巢伯，殷之諸侯。芮，畿內之國，與周同姓：鄭玄說（見詩桑柔疏）。旅巢命，已亡。

武王有疾，周公作金縢。

【註釋】金縢，今存。

武王崩，三監及淮夷叛㈠；周公相成王，將黜殷，作大誥㈡。

【註釋】㈠三監，管叔、蔡叔、霍叔；鄭玄說（見詩東山正義）。㈡大誥，今存。

成王既黜殷命，殺武庚；命微子啟代殷後，作微子之命。

【註釋】微子之命，亡；今傳者乃偽本。

唐叔得禾，異畝同穎，獻諸天子㈠。王命唐叔歸周公于東，作歸禾㈡。

【註釋】㈠唐叔，成王母弟。畝，史記周本紀作母。異母同穎，謂二苗同為一穗也；鄭玄說（見史記集解）。㈡歸，與餽通。時周公居東，故云歸周公于東。歸禾，已亡。

周公既得命禾，旅天子之命㈠，作嘉禾㈡。

【註釋】㈠命禾，受王歸己禾之命也；鄭玄說（見正義）。旅，陳也；義見釋詁。㈡嘉禾，已亡。

成王既伐管叔蔡叔，以殷餘民封康叔。作康誥、酒誥、梓材。

【註釋】三篇今俱存。

成王在豐，欲宅洛邑，使召公先相宅。作召誥。

【註釋】召誥，今存。

召公既相宅，周公往營成周，使來告卜。作洛誥。

【註釋】告卜，謂以所卜之兆告成王也。洛誥，今存。

成周既成，遷殷頑民；周公以王命告，作多士。

【註釋】多士，今存。

周公作無逸。

【註釋】無逸，今存。

召公為保，周公為師，相成王為左右㈠；召公不說，周公作君奭㈡。

【註釋】㈠保，太保。師，太師。㈡君奭，今存。

蔡叔既沒，王命蔡仲踐諸侯位㈠，作蔡仲之命㈡。

【註釋】㈠蔡叔，蔡叔度。蔡仲，蔡叔之子。㈡蔡仲之命，已亡；今傳者乃偽本。

成王東伐淮夷，遂踐奄㈠，作成王政㈡。

【註釋】㈠踐，史記周本紀作殘。詩破斧正義引鄭玄云：「踐，讀曰翦；翦，滅也。」奄，國名；見本書多士篇。㈡政，馬本作征（見釋文）。成王政，已亡。

成王既踐奄，將遷其君於蒲姑㈠。周公告召公，作將蒲姑㈡。

【註釋】㈠蒲姑，或作薄姑；馬融謂：齊地名（見史記集解）。江聲據大傳，謂：蒲姑，乃奄君名，而序衍「於」字（見尚書集註音疏）。二說未詳孰是。㈡將蒲姑，今亡。

成王歸自奄，在宗周，誥庶邦。作多方。

【註釋】多方，今存。

周公作立政。

【註釋】立政，今存。

成王既黜殷命，滅淮夷，還歸在豐。作周官。

【註釋】周官，已亡；今傳者乃偽作。

成王既伐東夷，肅慎來賀㊀。王俾榮伯作賄肅慎之命㊁。

【註釋】㊀肅，史記作息。馬融謂（見釋文）：息慎，北夷也。㊁榮伯，周同姓畿內諸侯，時為王之卿大夫：馬融說（見釋文）。肅慎之命，已亡。

周公在豐，將沒，欲葬成周。公薨，成王葬于畢㊀。告周公，作亳姑㊁。

【註釋】㊀畢，地名；在今咸陽縣境。㊁亳姑，已亡。

周公既沒，命君陳分正東郊成周㊀。作君陳㊁。

【註釋】㊀君陳，周公之子；見禮記鄭注。正，王官之長：簡氏集註述疏說。㊁君陳，已亡。

成王將崩，命召公畢公率諸侯相康王。作顧命。

【註釋】顧命，今存。伏生本與康王之誥合為一篇；後世分為二篇，而諸家分篇情形不同。說詳本書顧命篇。

康王既尸天子㊀，遂誥諸侯。作康王之誥㊁。

【註釋】㊀尸，主也；義見爾雅釋詁。尸天子，謂主天子之事也。㊁康王之誥，今存。

康王命作冊畢，分居里，成周郊㊀。作畢命㊁。

【註釋】㊀按：作冊，官名。畢，人名。史記周本紀畢作畢公；恐非是。分居里，謂分別民之居處也。㊁畢命，已亡；今傳本乃偽作。

穆王命君牙，為周大司徒。作君牙。

【註釋】牙，一作雅。君牙，已亡；今傳者乃偽作。

穆王命伯冏為周大僕正㈠，作冏命㈡。

【註釋】㈠伯冏，臣名：偽孔傳說。冏，史記、說文俱作臩。大僕，官名。正，長也。㈡冏命，已亡；今傳本乃偽作。

呂命；穆王訓夏贖刑㈠，作呂刑㈡。

【註釋】㈠呂命，謂命呂侯。訓夏贖刑，言中訓夏時贖刑之法也：孫疏說。㈡呂刑，今存。

平王錫晉文侯秬鬯圭瓚，作文侯之命。

【註釋】文侯之命，今存。

魯侯伯禽宅曲阜，徐夷並興，東郊不開㈠。作費誓㈡。

【註釋】㈠開，馬本作闢（見釋文）。㈡費誓，今存。

秦穆公伐鄭，晉襄公帥師敗諸崤㈠。還歸，作秦誓㈡。

【註釋】㈠伐鄭敗於崤事，見僖公三十二年及三十三年左傳。㈡秦誓，今存。

尚書今註今譯

主編◆王雲五
註譯◆屈萬里
發行人◆王春申
編輯指導◆林明昌
營業部兼任
編輯部經理◆高珊
執行編輯◆葉幗英 吳素慧
校對◆林延澤 林昌榮
美術設計◆吳郁婷

出版發行：臺灣商務印書館股份有限公司
23150 新北市新店區復興路 43 號 8 樓
電話：(02)8667-3712 傳真：(02)8667-3709
讀者服務專線：0800056196
郵撥：0000165-1
E-mail：ecptw@cptw.com.tw
網路書店網址：www.cptw.com.tw
網路書店臉書：facebook.com.tw/ecptwdoing
臉書：facebook.com.tw/ecptw
部落格：blog.yam.com/ecptw

局版北市業字第 993 號
初版一刷：1969 年 9 月
二版一刷：2009 年 11 月
二版二刷：2016 年 4 月
定價：新台幣 330 元

ISBN 978-957-05-2433-8（精裝）

尚書今註今譯／屈萬里註譯. --二版. -- 臺
北市：臺灣商務, 2009. 11
面； 公分

ISBN 978-957-05-2433-8(精裝)

1. 書經 2. 注釋

621.112 98019277

23150
新北市新店區復興路43號8樓
臺灣商務印書館股份有限公司 收

請對摺寄回，謝謝！

傳統現代　並翼而翔

Flying with the wings of tradtion and modernity.

讀者回函卡

感謝您對本館的支持，為加強對您的服務，請填妥此卡，免付郵資寄回，可隨時收到本館最新出版訊息，及享受各種優惠。

■ 姓名：________________________　　性別：□ 男　□ 女

■ 出生日期：_________年_________月_________日

■ 職業：□學生　□公務(含軍警)□家管　□服務　□金融　□製造
□資訊　□大眾傳播　□自由業　□農漁牧　□退休　□其他

■ 學歷：□高中以下（含高中）□大專　□研究所（含以上）

■ 地址：____
____

■ 電話：(H) ________________________ (O) ____________________

■ E-mail：____

■ 購買書名：____

■ 您從何處得知本書？
□網路　□DM廣告　□報紙廣告　□報紙專欄　□傳單
□書店　□親友介紹　□電視廣播　□雜誌廣告　□其他

■ 您喜歡閱讀哪一類別的書籍？
□哲學・宗教　□藝術・心靈　□人文・科普　□商業・投資
□社會・文化　□親子・學習　□生活・休閒　□醫學・養生
□文學・小說　□歷史・傳記

■ 您對本書的意見？（A/滿意　B/尚可　C/須改進）
內容 ____________編輯_________校對_________翻譯_________
封面設計_________價格_________其他______________________

■ 您的建議：____
____

※ 歡迎您隨時至本館網路書店發表書評及留下任何意見

臺灣商務印書館　The Commercial Press, Ltd.

23150新北市新店區復興路43號8樓　電話：(02)8667-3712
讀者服務專線：0800-056196　傳真：(02)8667-3709
郵撥：0000165-1號　E-mail：ecptw@cptw.com.tw
網路書店網址：www.cptw.com.tw　網路書店臉書：facebook.com.tw/ecptwdoing
臉書：facebook.com.tw/ecptw　部落格：blog.yam.com/ecptw